Hünefeldt

—

Peirces Dekonstruktion der Transzendentalphilosophie in eine phänomenologische Semiotik

EPISTEMATA

WÜRZBURGER WISSENSCHAFTLICHE SCHRIFTEN

Reihe Philosophie

Band 313 — 2002

Thomas Hünefeldt

Peirces Dekonstruktion der Transzendentalphilosophie in eine phänomenologische Semiotik

Königshausen & Neumann

Die Deutsche Bibliothek — CIP-Einheitsaufnahme

Ein Titeldatensatz für diese Publikation
ist bei der Deutschen Bibliothek erhältlich.

D 21

© Verlag Königshausen & Neumann GmbH, Würzburg 2002
Gedruckt auf säurefreiem, alterungsbeständigem Papier
Umschlag: Hummel / Lang, Würzburg
Bindung: RIB GmbH, 97297 Waldbüttelbrunn
Printed in Germany
ISBN 3-8260-2197-5
www.koenigshausen-neumann.de
www.buchhandel.de
www.dbdb.de

Meinen Großeltern,
Marie und Erich Borth,
in Dankbarkeit gewidmet

Inhaltsverzeichnis

Vorwort

Wer sich eingehender mit der Philosophie des als Urvater des Pragmatismus bzw. als Begründer einer Zeichentheorie bekannten amerikanischen Philosophen Charles S. Peirce (1839-1914) beschäftigt, wird bald bemerken, daß der Schlüssel zu einem angemessenen Verständnis derselben darin besteht, ihr Verhältnis zur „Transzendental-Philosophie" Kants zu klären. Einerseits nämlich finden sich über Peirces gesamtes Werk verstreut, naturgemäß aber insbesondere in seinem Frühwerk, in dem die Spuren seiner mehrjährigen, intensiven Auseinandersetzung mit Kant noch unmittelbar in Erscheinung treten, eine Reihe von Hinweisen darauf, daß Peirces Philosophie in Kontinuität zur „Transzendental-Philosophie" Kants steht und von Peirce selbst auch so verstanden wird. Andererseits aber vertritt Peirce Positionen, die zumindest auf den ersten Blick mit charakteristischen Positionen der „Transzendental-Philosophie" Kants nicht kompatibel zu sein scheinen. Diese vermeintliche Inkompatibilität hat die Peirce-Interpreten in der Regel dazu veranlaßt, die Hinweise auf eine Kontinuität zwischen Kant und Peirce auf die eine oder andere Weise zu relativieren. Dementsprechend herrscht unter Peirce-Interpreten die Auffassung vor, Peirce habe Kant produktiv mißverstanden und/oder führe Kantsche Gedanken in einem anderen, Kant fremden Paradigma fort. Die vorliegende Studie versucht dagegen plausibel zu machen, daß eine Inkompatibilität zwischen Kant und Peirce nur dann in Erscheinung tritt, wenn man sich auf den Buchstaben, d.h. auf die philosophischen Positionen konzentriert, die Kant bzw. Peirce zu vertreten scheinen, und dabei den Geist, d.h. das philosophische Projekt aus den Augen verliert, in dessen Horizont sie diese Positionen formulieren. Sie versucht nämlich herauszuarbeiten, daß Peirces Transformation der „Transzendental-Philosophie" Kants letztlich in nichts anderem als darin besteht, das philosophische Projekt, das Kant mit seiner Idee einer „Transzendental-Philosophie" verfolgt, konsequenter zu realisieren als Kant selbst dies getan hat. Dabei bedient sie sich einer Interpretationsstrategie, welche darauf hinausläuft, zunächst einmal die grundlegenden Schritte zu identifizieren, die zur Realisierung dieses Projekts notwendig sind, um auf dieser Grundlage dann jeweils Kants Konzeption dieser Schritte zu kritisieren und mit Peirces Interpretation dieser Konzeption zu vergleichen.

Die vorliegende Studie wäre nicht möglich gewesen, wenn nicht eine Reihe von Personen die Entstehung derselben auf die eine oder andere Weise erlaubt oder begünstigt hätten. Ich möchte daher die Gelegenheit nutzen, all diesen Personen meinen herzlichen Dank auszusprechen. Dank sei zunächst einmal meiner Familie, meinen Freunden sowie Chiara und ihrer Familie, die mich durch die Höhen und Tiefen meines Doktorats begleitet haben und mich darin bestärkt haben, meinen eigenen Weg zu gehen. Dank sei auch all denjenigen Mitarbeitern des Philosophischen Seminars der Universität Tübingen, die mir auf die eine oder andere Weise behilflich waren. Insbesondere gilt mein Dank natürlich meinem Doktorvater, Prof. Dr. Manfred Frank, der es mir ermöglicht hat, von einem Stipendium der Landesgraduiertenförderung zu profitieren, und mit großem Vertrauen die Entstehung dieser Studie verfolgt hat. Dank sei schließlich aber nicht zuletzt auch Dr. J. Edgar Bauer, dessen tief in mir fortwirkende Worte und Taten mir gleichsam „Stecken und Stab" waren und sind, sowie Prof. Marco

M. Olivetti, der mich während meiner Studienaufenthalte in Rom entscheidend geprägt hat und mir auch in der Ferne jederzeit nahe war.

Rom, im Dezember 2001

1.
Einleitung

Der Titel der vorliegenden Arbeit, *Peirces Dekonstruktion der Transzendentalphilosophie in eine phänomenologische Semiotik*, beschreibt in wenigen Worten die zentrale These derselben, die These nämlich, daß es sich bei dem philosophischen Projekt, in dessen Horizont Peirces zweifellos sehr bedeutendes, aber auf den ersten Blick zugleich sehr zerfasertes und buchstäblich verzetteltes philosophisches Werk zu verstehen ist, um das Projekt einer 'Dekonstruktion' der „Transzendental-Philosophie" Kants handelt und daß die fundamentale philosophische Position, auf die Peirces Denken im Horizont dieses Projekts hinausläuft, als eine 'phänomenologische Semiotik' charakterisiert werden kann. Um ein vorläufiges Verständnis dieser These zu ermöglichen, werde ich im Folgenden zunächst einmal Kants Idee einer *„Transzendental-Philosophie"* skizzieren (Kap. 1.1), dann definieren, was unter Peirces *'Dekonstruktion'* der Transzendentalphilosophie zu verstehen ist (Kap. 1.2), und schließlich erläutern, wieso die fundamentale philosophische Position, auf die Peirces Denken im Horizont seiner 'Dekonstruktion' der „Transzendental-Philosophie" Kants hinausläuft, als eine *'phänomenologische Semiotik'* charakterisiert werden kann (Kap. 1.3).

1.1.
Kants Idee einer „Transzendental-Philosophie"

Die Idee einer „Transzendental-Philosophie" steht an Anfang und Ende von Kants KRITIK DER REINEN VERNUNFT. Sie stellt das philosophische Projekt dar, innerhalb dessen sich die Aufgabe der KRITIK DER REINEN VERNUNFT überhaupt erst definiert:

> Die Transzendental-Philosophie ist die Idee einer Wissenschaft, wozu die Kritik der reinen Vernunft den ganzen Plan architektonisch, d.i. aus Prinzipien, entwerfen soll, mit völliger Gewährleistung der Vollständigkeit und Sicherheit aller Stücke, die dieses Gebäude ausmachen. Sie ist das System aller Prinzipien der reinen Vernunft. Daß diese Kritik nicht schon selbst Transzendental-Philosophie heißt, beruhet lediglich darauf, daß sie, um vollständig System zu sein, auch eine ausführliche Analysis der ganzen menschlichen Erkenntnis a priori enthalten müßte. Nun muß zwar unsere Kritik allerdings auch eine vollständige Herzählung aller Stammbegriffe, welche die gedachte reine Erkenntnis ausmachen, vor Augen legen. Allein der ausführlichen Analysis dieser Begriffe selbst, wie auch der vollständigen Rezension der daraus abgeleiteten, enthält sich sich billig, [...]
> Zur Kritik der reinen Vernunft gehört demnach alles, was die Transzendental-Philosophie ausmacht, und sie ist die vollständige Idee der Transzendental-Philosophie, aber diese Wissenschaft noch nicht selbst; weil sie in der Analysis nur so weit geht, als es zur vollständigen Beurteilung der synthetischen Erkenntnis a priori erforderlich ist.
>
> KRITIK DER REINEN VERNUNFT, B 27ff

Kant versteht unter der „Transzendental-Philosophie" „das System aller Prinzipien der reinen Vernunft", wobei „Vernunft das Vermögen [ist], welches die Prinzipien der Erkenntnis a priori an die Hand gibt".[1] Der Begriff „Transzendental-Philosophie" bezeichnet demnach das System aller Prinzipien der „Erkenntnis a priori", d.h. genauer gesagt das System aller Prinzipien „menschlicher Erkenntnis a priori". Dieses System ist durch zweierlei Faktoren determiniert: zum einen durch die in ihm versammelten Prinzipien der „Erkenntnis a priori" und zum anderen durch die Einteilung bzw. Gliederung desselben, d.h. durch seine „Architektonik".[2] Die in diesem System versammelten Prinzipien der „Erkenntnis a priori" seien im Folgenden *Erkenntnisprinzipien*, die Prinzipien seiner „Architektonik" dagegen *Architekturprinzipien* genannt.

Vor dem Hintergrund der so definierten Idee einer „Transzendental-Philosophie" versteht Kant seine KRITIK DER REINEN VERNUNFT „als die *Propädeutik* zum System der reinen Vernunft", d.h. als „eine Wissenschaft der bloßen Beurteilung der reinen Vernunft, ihrer Quellen und Grenzen".[3] Ihre Aufgabe besteht daher vor allem darin, die *Architekturprinzipien* der „Transzendental-Philosophie" zu ermitteln. Dementsprechend sieht Kant gegen Ende der KRITIK DER REINEN VERNUNFT eben hierin die „Vollendung unseres Geschäfts, nämlich, lediglich die Architektonik aller Erkenntnis aus reiner Vernunft zu entwerfen".[4] Die *Erkenntnisprinzipien* der „Transzendental-Philosophie" zu ermitteln, strebt die KRITIK DER REINEN VERNUNFT dagegen nur insoweit an, „als es zur vollständigen Beurteilung der synthetischen Erkenntnis a priori erforderlich ist".

Der mittels der KRITIK DER REINEN VERNUNFT zu entwickelnde Entwurf eines Systems aller Prinzipien der „Erkenntnis a priori" soll sich nun aber gegenüber traditionellen Entwürfen dieser Art dadurch auszeichnen, nicht „dogmatisch" begründet zu sein. Die KRITIK DER REINEN VERNUNFT ist nämlich programmatisch „dem *Dogmatism* [entgegengesetzt]", dem auch noch Wolffs Entwurf eines Systems der Philosophie verfallen ist, der Kants Idee einer „Transzendental-Philosophie" ansonsten als Vorbild dient.[5] Unter „Dogmatism" versteht Kant dabei die „Anmaßung, mit einer reinen Erkenntnis aus Begriffen (der philosophischen), nach Prinzipien, so wie sie die Vernunft längst im Gebrauch hat, ohne Erkundigung der Art und des Rechts, womit sie dazu gelanget ist, allein fortzukommen".[6]

Mithin stellt sich heraus, daß Kant mit seiner Idee einer „Transzendental-Philosophie" das Projekt der nicht-dogmatischen Begründung eines Systems aller Prinzipien der „Erkenntnis a priori" verfolgt. Dabei kann zunächst einmal offen bleiben, um welche besondere Spezies von Erkenntnissen es sich bei „Erkenntnissen a priori" eigentlich handelt.[7]

---

[1]Vgl. KRITIK DER REINEN VERNUNFT, B 24 [A 11].

[2]Vgl. KRITIK DER REINEN VERNUNFT, *Die Architektonik der reinen Vernunft*, B 860ff [A 832ff].

[3]Vgl. KRITIK DER REINEN VERNUNFT, B 25 [A 11].

[4]Vgl. KRITIK DER REINEN VERNUNFT, B 863 [A 835]. Vgl. die schematische Darstellung dieser „Architektonik" im Appendix, Item 1.

[5]Vgl. KRITIK DER REINEN VERNUNFT, B XXXVff.

[6]Vgl. KRITIK DER REINEN VERNUNFT, B XXXV.

[7]Vgl. dazu Kap. 3.

1.2.
Peirces 'Dekonstruktion' der Transzendentalphilosophie

Die Rede von Peirces 'Dekonstruktion' der Transzendentalphilosophie soll zunächst einmal lediglich den Umstand bezeichnen, daß Peirce 1.) an Kants Projekt der nicht-dogmatischen Begründung eines Systems aller Prinzipien der „Erkenntnis a priori" grundsätzlich festhält, daß er aber 2.) das von Kant entworfene System *destruiert*, und daß er 3.) darum bemüht ist, ein alternatives System zu *konstruieren*, welches das von Kant entworfene System vollständig ersetzen kann. Die so verstandene, zunächst ein-mal ausschließlich an Kants architektonische Metaphorik anknüpfende Rede von Peir-ces 'Dekonstruktion' der Transzendentalphilosophie spielt jedoch nicht ohne Grund auf Derridas Begriff der „Dekonstruktion" (déconstruction) an.[8] Im Verlauf dieser Ar-beit wird sich nämlich herausstellen, daß Peirces 'Dekonstruktion' der Transzendental-philosophie wesentliche Charakteristika der „working definition" teilt, die Christopher Norris in der ROUTLEDGE ENCYCLOPEDIA OF PHILOSOPHY von diesem Begriff gibt.[9]

Um nun nicht nur den einen oder anderen, sondern sämtliche Aspekte von Peirces 'Dekonstruktion' der „Transzendental-Philosophie" Kants zu erfassen, bedarf es offen-sichtlich einer *systematischen Rekonstruktion* derselben. Ich werde daher im Folgenden Peirces 'Dekonstruktion' derjenigen Architektur- und Erkenntnisprinzipien der „Trans-zendental-Philosophie" Kants rekonstruieren, auf deren Grundlage Kant seinen Ent-wurf eines Systems aller Prinzipien der „Erkenntnis a priori" zur Entfaltung bringt. Nach einem kurzen Überblick über die wichtigsten Textstellen, in denen sich Peirces Projekt einer 'Dekonstruktion' der „Transzendental-Philosophie" manifestiert (Kap. 2), werde ich also zunächst einmal Peirces 'Dekonstruktion' von Kants Unterscheidung zwischen „Erkenntnissen a priori" und „Erkenntnissen a posteriori" (Kap. 3), dann seine 'Dekonstruktion' von Kants Unterscheidung zwischen Prinzipien a priori der „Sinnlichkeit" und des „Verstandes" (Kap. 4), dann seine 'Dekonstruktion' von Kants „System aller Grundsätze des reinen Verstandes" (Kap. 5) und schließlich seine 'De-konstruktion' von Kants „oberstem Prinzip alles Verstandesgebrauchs" (Kap. 6) rekon-struieren. In einem kurzen Ausblick werde ich darüberhinaus einige bemerkenswerte Konsequenzen ansprechen, die sich aus Peirces 'Dekonstruktion' dieser fundamentalen Architektur- und Erkenntnisprinzipien der „Transzendental-Philosophie" Kants für die 'Dekonstruktion' von Kants „Architektonik der reinen Vernunft" sowie für die 'De-konstruktion' der Erkenntnisprinzipien ergeben, die Gegenstand der durch diese „Ar-chitektonik" definierten „Vernunftwissenschaften" sind (Kap. 7).

Bezeichnenderweise werde ich im gesamten Verlauf meiner systematischen Re-konstruktion von Peirces 'Dekonstruktion' der „Transzendental-Philosophie" Kants fast ausschließlich auf Materialien aus Peirces Frühwerk rekurrieren, d.h. genauer gesagt auf Materialien, die aus den Jahren 1865-68 datiert sind. In diesem relativ kurzen Zeit-

---

[8]Vgl. Derridas Verwendung dieses Begriffs in Derrida (1967) sowie seine späteren Erläuterungen zu diesem Begriff in Derrida (1987).

[9]Vgl. Norris (1998).

raum, in dem Peirce die Ergebnisse seiner unmittelbar vorangegangenen mehrjährigen, intensiven Auseinandersetzung mit Kant zusammenfaßt und die Methode der Ableitung seiner „New List of Categories" entwickelt, finden nämlich die entscheidenden Weichenstellungen statt, die Peirces gesamtem weiterem Werk die Richtung geben.

1.3.
Peirces 'phänomenologische Semiotik'

Um zu erläutern, wieso die fundamentale philosophische Position, auf die Peirces Denken im Horizont seiner 'Dekonstruktion' der „Transzendental-Philosophie" Kants hinausläuft, als eine 'phänomenologische Semiotik' charakterisiert werden kann, seien hier die wichtigsten Ergebnisse meiner systematischen Rekonstruktion dieser 'Dekonstruktion' zunächst einmal aufgelistet und anschließend diskutiert:

1. Kant verfolgt mit seiner Idee einer „Transzendental-Philosophie" das Projekt der nicht-dogmatischen Begründung eines Systems aller Prinzipien der „Erkenntnis a priori".[10] Dementsprechend läuft Peirces 'Dekonstruktion' der „Transzendental-Philosophie" Kants letztlich darauf hinaus, Kants Entwurf eines solchen Systems von dogmatischen Voraussetzungen, Fehlschlüssen und Inkonsistenzen zu befreien.[11]

2. Unter „Erkenntnissen a priori" sind Urteile darüber zu verstehen, was in jeder uns vorstellbaren Welt der Fall ist. Es muß solche Urteile geben können. Die nicht-dogmatische Begründung eines Systems all solcher Urteile impliziert weder einen Anspruch auf Unfehlbarkeit noch eine Aussage über den ontologischen Status der uns vorstelligen Welt.[12]

3. Das Instrument, das es Kant erlaubt, das System aller Prinzipien der „Erkenntnis a priori" zur Entfaltung zu bringen, ist die Unterscheidung zwischen Prinzipien a priori der „Sinnlichkeit" und des „Verstandes". Diese Unterscheidung muß als die Unterscheidung zwischen Urteilen über die Dimensionen und Urteilen über die Gegenstände jeder uns vorstellbaren Welt verstanden werden.[13]

4. Unter dem System der „reinen Verstandesbegriffe oder Kategorien" ist das System aller elementaren Prädikate zu verstehen, die von jedem uns vorstellbaren Gegenstand ausgesagt werden können. Das mittels eines rekursivtranszendentalen Verfahrens abgeleitete Kategoriensystem Peirces besteht aus den drei Kategorien „Qualität" (Quality) bzw. „Erstheit" (Firstness), „Relation" (Relation) bzw. „Zweiheit" (Secondness) und „Repräsentation" (Representation) bzw. „Drittheit" (Thirdness). Jeder uns vorstellbare Ge-

---

[10]Vgl. Kap. 1.1.
[11]Vgl. Kap. 1.2 sowie Kap. 3-6.
[12]Vgl. Kap. 3.
[13]Vgl. Kap. 4.

genstand besitzt demzufolge erstens eine „Qualität" (quality), steht zweitens in der dyadischen Beziehung der „Relation" (relation) zu einem anderen uns vorstellbaren Gegenstand und steht drittens in der triadischen Beziehung der „Repräsentation" (representation) zu zwei anderen uns vorstellbaren Gegenständen, d.h. er ist „Zeichen" (sign) eines „Objekts" (object) in Bezug auf einen „Interpretanten" (interpretant).[14]

5. Unter dem „obersten Prinzip alles Verstandesgebrauchs" ist die Bedingung der „Möglichkeit einer Verbindung überhaupt" zu verstehen. Diese Bedingung besteht letztlich darin, daß die Mannigfaltigkeit all dessen, was miteinander „verbunden" werden kann, in einem Zusammenhang steht, der nicht selbst Produkt einer „Verbindung" ist. Dieser ursprüngliche Zusammenhang, der mit den Kontinua von Raum und Zeit identifiziert werden kann, darf nicht als ein Zusammenhang verstanden werden, der in der Einheit eines 'transzendentalen Subjekts' begründet ist.[15]

Angesichts dieser Thesen ist offensichtlich, wieso die fundamentale philosophische Position, auf die Peirces Denken im Horizont seiner 'Dekonstruktion' der „Transzendental-Philosophie" Kants hinausläuft, als eine 'phänomenologische Semiotik' charakterisiert werden kann. Als 'phänomenologisch' kann diese Position nämlich offensichtlich insofern gelten, als die nicht-dogmatische Begründung eines Systems all derjenigen Sachverhalte, die in jeder uns vorstellbaren Welt der Fall sind, keine Aussage über den ontologischen Status der uns vorstelligen Welt impliziert, so daß diese Welt bis auf weiteres einer 'ontologischen Epoché' untersteht und als eine Welt von 'Phänomenen' verstanden werden muß. Als eine 'Semiotik' kann diese Position dagegen offensichtlich insofern gelten, als die 'Phänomene' dieser Welt allesamt als „Zeichen" (signs) verstanden und dabei verschiedenen Zeichenklassen zugeordnet werden können, deren System Peirce durch rekursive Anwendung seiner drei Kategorien auf die Relate und Teilrelationen der triadischen Zeichenrelation entwickelt.[16]

Mithin wird deutlich, daß Peirces 'Dekonstruktion' der „Transzendental-Philosophie" Kants auf eine Position hinausläuft, die mit der ihrerseits als „eine neue Form der Transzendentalphilosophie"[17] verstandenen „transzendentalen Phänomenologie" Husserls und somit letztlich mit der gesamten kontinentalen Phänomenologie auf fundamentaler Ebene interferiert.[18] Diese Position scheint dabei aber der kontinentalen Phänomenologie zumindest insofern strukturell überlegen zu sein, als sie die Grundlage eines empirisch begründeten Systems all derjenigen Sachverhalte darstellt, die in jeder

---

[14]Vgl. Kap. 5.
[15]Vgl. Kap. 6.
[16]Vgl. Kap. 5.3.
[17]Vgl. z.B. Husserls CARTESIANISCHE MEDITATIONEN, S.3.
[18]Auf die Interferenzen zwischen Peirces Philosophie und der kontinentalen Phänomenologie ist schon seit längerem von verschiedenen Autoren aufmerksam gemacht worden. Vgl. z.B. Spiegelberg (1956), Farber (1964), Sini (1978, 1990), Dougherty (1980), Allemand (1981), Kolenda (1981), Buczyniska-Garewicz (1981).

uns vorstellbaren Welt der Fall sind, und somit ein Verständnis der Weltlichkeit der Welt eröffnet, das vollkommen systematisch ist, ohne beliebig zu sein.

Die phänomenologische Position, auf die Peirces 'Dekonstruktion' der „Transzendental-Philosophie" Kants hinausläuft, ist nun aber merkwürdigerweise gleichsam eine 'transzendentale Phänomenologie' ohne 'transzendentales Ego'. Denn ebensowenig wie der ursprüngliche Zusammenhang all dessen, was miteinander „verbunden" werden kann, als ein Zusammenhang verstanden werden darf, der in der Einheit eines 'transzendentalen Subjekts' begründet ist, darf die Gesamtheit aller möglichen Phänomene als die Gesamtheit all dessen verstanden werden, was einem 'transzendentalen Ego' präsent sein kann. Vielmehr muß das 'transzendentales Ego', wenn darunter überhaupt irgendetwas vorgestellt werden soll, wie jeder andere uns vorstellbare Gegenstand als ein „Zeichen" (sign) verstanden werden können. Unter dem 'transzendentalen Ego' ist im Horizont von Peirces 'phänomenologischer Semiotik' dementsprechend ein innerweltliches und somit leibliches Seiendes zu verstehen, dessen Innerweltlichkeit bzw. Leiblichkeit sich primär in der Bedeutsamkeit seiner Welt von „Zeichen" (signs) und nur sekundär in dem ebenfalls als „Zeichen" (sign) zu verstehenden innerweltlichen bzw. leiblichen Seienden manifestiert, als das es sich begreiflich wird.

Vor diesem Hintergrund, vor dem nicht nur die somatische Metaphorik, die Peirce ähnlich wie Kant einerseits im Zusammenhang mit der Konzeption eines Systems von Erkenntnissen und andererseits im Zusammenhang mit der Konzeption einer Naturphilosophie verwendet,[19] sondern insbesondere auch Peirces These zu verstehen ist, der Mensch sei ein „Zeichen" (sign),[20] kommen nun aber nicht nur bemerkenswerte Analogien mit Heidegger und Merleau-Ponty zum Vorschein, sondern es zeichnet sich darüberhinaus auch ab, daß Peirces Philosophie in einem eigentümlich ambivalenten Verhältnis zur Philosophie der sogenannten „Postmodernen" steht. Einerseits nämlich nimmt Peirce zumindest insofern ein wichtiges Motiv derselben vorweg, als seine 'Dekonstruktion' der „Transzendental-Philosophie" Kants eine Auflösung des Subjekts im Zeichenprozeß impliziert, die weder einer Aufhebung noch einer Reduktion desselben

---

[19]Was die Verwendung einer somatischen Metaphorik im Zusammenhang mit der Konzeption eines Systems von Erkenntnissen betrifft, so erläutert Kant, daß das System der „Transzendental-Philosophie" gegliedert sei „wie ein tierischer Körper, dessen Wachstum kein Glied hinzusetzt, sondern, ohne Veränderung der Proportion, ein jedes zu seinen Zwecken stärker und tüchtiger macht" (Vgl. KRITIK DER REINEN VERNUNFT, B 861 [A 833]). Dementsprechend hält es Peirce anläßlich seiner Konzeption einer „Natürlichen Klassifikation der Wissenschaften" für erforderlich, „Wissenschaft" als ein „Lebewesen" zu betrachten, das sich „in einem unaufhörlichen Zustand von Metabolismus and Wachstum" befindet und dessen „Leben [...] im Begehren zu lernen besteht" (Vgl. MINUTE LOGIC, CP1.232ff [G-c.1902-2]). Was dagegen die Verwendung einer somatischen Metaphorik im Zusammenhang mit der Konzeption einer Naturphilosophie betrifft, so versteht Kant die „Natur" als ein „Analogon des Lebens" (Vgl. KRITIK DER URTEILSKRAFT, B 293 [A 289]), während es für Peirce kraft seines „Synechismus" (synechism), d.h. kraft seiner Lehre von der Kontinuität alles Seins (Vgl. Kap. 6.4), mehr als nur eine Analogie ist, zu behaupten, die Natur sei ein lebender Organismus (Vgl. dazu insbesondere THE LAW OF MIND, CP6.102-163 [G-1891-1c], MAN'S GLASSY ESSENCE, CP6.238-271 [G-1891-1d], sowie EVOLUTIONARY LOVE, CP6.287-317 [G-1891-1e]).

[20]Vgl. SOME CONSEQUENCES OF FOUR INCAPACITIES, W2:240f [P27: Journal of Speculative Philosophy 2 (1868)].

gleichkommt. Andererseits aber gibt Peirce dabei, anders als dies bei den sogenannten „Postmodernen" der Fall zu sein scheint, den Anspruch auf systematisches Philosophieren keineswegs auf. Peirces Philosophie scheint mir daher nicht ohne Grund als eine „constructive postmodern philosophy" charakterisiert werden zu können.[21]

Tatsächlich scheint mir Peirces 'Dekonstruktion' der „Transzendental-Philosophie" Kants insbesondere deutlich werden zu lassen, daß systematisches Philosophieren zu Unrecht obsolet geworden ist. Peirces Verdienst besteht dabei jedoch nicht allein darin, die in den Naturwissenschaften längst etablierte und im übrigen schon allein etymologisch evidente Wahrheit, daß systematisches Denken letztlich konsistentem Denken gleichkommt, auch hinsichtlich der Philosophie zur Geltung gebracht zu haben. Sein Verdienst besteht vielmehr vor allem darin, deutlich werden zu lassen, daß systematisches Denken keineswegs gleichbedeutend mit totalitärem Denken sein muß. Totalitär wird systematisches Denken nämlich erst dann, wenn wir ihm das Vermögen zuschreiben, uns selbst und unsere Welt vollständig begreiflich werden zu lassen, bzw. es nicht bloß als ein Instrument verstehen, mittels dessen wir uns selbst und unsere Welt im Rahmen unserer Bedürfnisse und Möglichkeiten begreifbar machen, sondern es als Selbstzweck gelten lassen, dem wir uns bedingungslos unterzuordnen haben. Peirce dagegen läßt nicht nur keinen Zweifel an der wesentlichen Beschränktheit unseres Denkens,[22] sondern er gibt darüberhinaus zu verstehen, daß das System unserer Erkenntnisse gleichsam als ein immaterielles Organ zu verstehen ist, das die Bedingungen unserer Leiblichkeit reflektiert.[23] Vor diesem Hintergrund erscheinen die Polemik gegen und der Verzicht auf systematisches Denken als hochgradig sublimierte Formen von Leibfeindschaft und Selbstkasteiung.

Die phänomenologische Position, auf die seine 'Dekonstruktion' der „Transzendental-Philosophie" Kants hinausläuft, hat Peirce nun allerdings bereits zugunsten einer ontologischen Position verlassen, wenn er „die Idee einer GEMEINSCHAFT, die keine definiten Grenzen hat und eines indefiniten Wissenszuwachses fähig ist", (the notion of a COMMUNITY, without definite limits, and capable of an indefinite increase of knowledge) einführt.[24] Solange nämlich die von Peirce realisierte 'ontologische Epoché' konsequent durchgehalten wird, kann allenfalls von einem einzigen Ego die Rede sein: dem 'transzendentalen Ego'. Karl-Otto Apel verkennt daher Tiefe und Ausmaß von Peirces „semiotischer Transformation der Transzendentalphilo-

---

[21]Vgl. Griffin et al. (1993), vii-x sowie 1-42. Die Herausgeber zählen Peirce in ihrem gleichnamigen Buch zu den „Founders of Constructive Postmodern Philosophy". Vgl. darin die von Peter Ochs verfaßte Monographie über „Charles Sanders Peirce", 43-87.

[22]Vgl. z.B. DETACHED IDEAS ON VITALLY IMPORTANT TOPICS, CP5.574-589 [G-1898-1].

[23]Wie bereits erwähnt, hält es Peirce anläßlich seiner Konzeption einer „Natürlichen Klassifikation der Wissenschaften" für erforderlich, „Wissenschaft" als ein „Lebewesen" zu betrachten, das sich „in einem unaufhörlichen Zustand von Metabolismus und Wachstum" befindet und dessen „Leben [...] im Begehren zu lernen besteht" (Vgl. MINUTE LOGIC, CP1.232ff [G-c.1902-2]). Dieses „Begehren" wurzelt für Peirce dabei bezeichnenderweise in zwei sehr konkreten „Instinkten", nämlich im „Nahrungsinstinkt" und im „Fortpflanzungsinstinkt" (Vgl. LESSONS OF THE HISTORY OF SCIENCE, CP1.118 [G-c.1896-3], bzw. DETACHED IDEAS ON VITALLY IMPORTANT TOPICS, CP5.586 [G-1898-1], sowie CP7.39f [G-c.1907-2]).

[24]Vgl. Kap. 3.2.2.

18

sophie", wenn er behauptet, daß „[d]ie 'ultimate opinion' der 'indefinite community of investigators' [...] der 'höchste Punkt' der Peirceschen Transformation der 'transzendentalen Logik' Kants [ist]".[25] Dies zeigt sich im übrigen schon allein daran, daß Peirce die Frage nach der *Bedingung der Möglichkeit* jener „'ultimate opinion' der 'indefinite community of investigators'" beantwortet, indem er die These vertritt, daß „alle Kommunikation" die „Kontinuität des Seins" voraussetzt: „All communication from mind to mind is through continuity of being".[26] Dementsprechend wird sich als „der 'höchste Punkt' der Peirceschen Transformation der 'transzendentalen Logik' Kants" nicht etwa „[d]ie 'ultimate opinion' der 'indefinite community of investigators'", sondern Peirces „Synechismus" (synechism) erweisen, d.h. seine Lehre von der Kontinuität des Seins.[27]

Apel verkennt Tiefe und Ausmaße von Peirces „semiotischer Transformation der Transzendentalphilosophie" letztlich deshalb, weil er zwar erkennt, daß Peirces Denken „von Anfang an [...] als kritische Rekonstruktion der KRITIK DER REINEN VERNUNFT" zu verstehen ist,[28] sich jedoch nicht der Aufgabe einer *systematischen* Rekonstruktion dieser „kritischen Rekonstruktion" stellt. Dies tut er offenbar deshalb nicht, weil er „von vornherein ins Auge faßt, daß es bei Peirce niemals um eine historisch-philologische Kantinterpretation, wohl aber um eine Rekonstruktion des kantschen Anliegens in einem neuen Medium geht".[29] Dabei übersieht er jedoch, daß Peirce das vermeintlich „neue Medium" seiner „Rekonstruktion des kantschen Anliegens" selbst erst durch eine harte und langwierige „historisch-philologische Kantinterpretation" herausgearbeitet hat.[30] Apel weist daher zwar völlig zu Recht „die Thesen J. von Kempskis und M. Murpheys" zurück, denen zufolge „Peirce Kant von vornherein mißverstanden habe",[31] aber er macht sich seinerseits nicht das ganze Ausmaß klar, in dem Peirce dem „kantschen Anliegen" treu bleibt. Er bemerkt nämlich nicht, daß Peirces „kritische Rekonstruktion der KRITIK DER REINEN VERNUNFT" letztlich in *nichts anderem* als darin besteht, Kants Projekt der nicht-dogmatischen Begründung eines Systems aller Prinzipien der „Erkenntnis a priori" konsequenter zu realisieren als Kant selbst dies getan hat.

---

[25]Vgl. Apel (1973), S. 173.
[26]Vgl. IMMORTALITY IN THE LIGHT OF SYNECHISM, CP7.572 [G-c.1892-2].
[27]Vgl. Kap. 6.4.
[28]Vgl. Apel (1973), S. 164.
[29]Vgl. Apel (1973), S. 165.
[30]Dies belegen nicht nur die vielen autobiographischen Notizen, in denen Peirce die Intensität seines frühen Kant-Studiums und die Kontinuität seiner eigenen Position mit der Position Kants betont, sondern dies läßt sich anhand von Peirces Frühwerk auch unmittelbar nachvollziehen. Vgl. hierzu insbesondere Peirces HARVARD LECTURE ON KANT, W1:245f [MS101: April-Mai 1865], sowie Kap. 3.1.2 & 3.2.2.
[31]Vgl. Apel (1973), S. 165, bzw. Kempski (1952) und Murphey (1961).

2.
Peirces Projekt einer 'Dekonstruktion' der „Transzendental-Philosophie" Kants

Hinweise darauf, daß Peirce das Projekt einer 'Dekonstruktion' der „Transzendental-Philosophie" Kants verfolgt hat, finden sich über sein gesamtes Werk verstreut, naturgemäß aber insbesondere in seinem Frühwerk, in dem die Spuren seiner mehrjährigen, intensiven Auseinandersetzung mit Kant noch unmittelbar in Erscheinung treten.[1] So findet sich der früheste Hinweis darauf in seiner HARVARD LECTURE ON KANT aus dem Jahr 1865, auf die wir im Verlauf dieser Arbeit noch des öfteren zurückkommen werden. Peirce nimmt dort zu dem Projekt, das Kant mit seiner KRITIK DER REINEN VERNUNFT verfolgt, auf folgende Weise Stellung:

> The *Critic of the Pure Reason* has a two-fold object; first to show that such conceptions as cause *et cetera* are valid up to a certain point and second to show that they are not valid beyond that point. The constructive part is opposed to Hume and so to Compte and Mill, his modern followers; the destructive part is opposed to Wolff and all such metaphysicians as seek to prove or think they know the truth of doctrines of God, Freedom, and Immortality; which are according to Kant, part of man's *credo* not of his *scio*. It is the latter argument for which the great Critic is most celebrated. Thus De Quincey speaks of „The world-shattering Kant! He was the Gog and he was Magog of Hunnish desolation to the existing schemes of philosophy. He probed them; he showed the vanity of vanities which besieged their foundations; the rottenness below, the hollowness above." And it must be added that it was this anti-dogmatical feature of his philosophy, which Kant himself looked upon as likely to exert the most powerfully beneficial effect upon science. But whatever advantages were to accrue from this distinction of speculative and practical philosophy are by this time already enjoyed. Dogmatism hardly is heared of now among men of science. Nay an irrepressibile conflict has sprung up between Science and Dogmatism under the name of Religion. But in these days, the doctrine of *Hume* has acquired a great ascendency; and if the destructive part of the *Critic* has done its work, the constructive part has doubled in importance and needfulness. Here is to be found the most powerful argument against positivism which has ever been produced, - and, as many think, an irrefragable one. Accordingly, no man can hold the position of a positivist with dignity who has not studied and digested and thoroughly mastered and carefully weighed this remarkable argument. Yet I should be at a loss to mention the positivist who has given evidence of having done this.
>
> HARVARD LECTURE ON KANT, W1:244 [MS 101: März-April 1865]

Während Peirce den „destruktiven Teil" (destructive part) der KRITIK DER REINEN VERNUNFT, welcher offensichtlich der „Transzendentalen Dialektik" korrespondiert, für denjenigen Teil derselben hält, dessen „heilsamer Effekt auf die Wissenschaft" (beneficial effect upon science) bereits realisiert ist, hält er den „konstruktiven Teil"

---

[1] Nach eigenem Bekunden hat Peirce Kants KRITIK DER REINEN VERNUNFT schließlich „beinahe auswendig" gekannt. Vgl. CP1.560 [G-c.1907-1].

(constructive part) derselben, welcher offensichtlich der „Transzendentalen Analytik" korrespondiert, angesichts der Renaissance der Lehre Humes für „doppelt wichtig und nötig" (doubled in importance and needfulness), weil er darin ein „äußerst starkes" (most powerful), ja wohlmöglich sogar „unumstößliches" (irrefragable) „Argument gegen den Positivismus" (argument against positivism) findet, das von Kants positivistischen Kritikern nicht einmal wirklich verstanden worden sei. An dieser Einschätzung wird zunächst einmal deutlich, daß Peirce an Kants Projekt der nicht-dogmatischen Begründung eines Systems aller Prinzipien der „Erkenntnis a priori" grundsätzlich festhält. Darüberhinaus aber deutet sich darin zugleich an, daß Peirce Kants Realisierung dieses Projekts zumindest insofern für verbesserungsbedürftig hält, als sie die Stärke des damit verbundenen „Arguments gegen den Positivismus" nicht unmißverständlich genug zur Geltung bringt. Tatsächlich stellt sich im weiteren Verlauf seiner HARVARD LECTURE ON KANT heraus, daß Peirce Kants Realisierung dieses Projekts nicht nur aus diesem Grund, sondern insbesondere auch deswegen kritisiert, weil er die Tafel der Urteilsfunktionen für fehlerhaft erachtet, von denen Kant das System der „reinen Verstandesbegriffe oder Kategorien" und mithin das System jener Spezies von „Erkenntnissen a priori" ableitet, welche er als „Grundsätze des reinen Verstandes" bezeichnet.[2]

Diese These wird durch die folgende, äußerst signifikante Passage bestätigt, auf die wir im weiteren Verlauf dieser Arbeit ebenfalls noch des öfteren zurückkommen werden. Es handelt sich dabei um den Beginn des ersten Kapitels eines fragmentarischen Buchs über Logik, in dem Peirce die Methode der Ableitung seiner „New List of Categories" ausgehend von einer Kritik an Kants Methode der Ableitung der Kategorien entwickelt:

> No study seems so trivial as that of formal logic, not only at first sight but until after long research. It is far too indeterminate to be of much use in actual reasoning, and it is too simple to interest like Mathematics by involutions and resolutions of forms. It has, however, a deep significance, one which was perceived most clearly by Aristotle and Kant and the recognition of which gave their two philosophies such preëminent vitality. It is the circumstance that the commonest and most indispensible conceptions are nothing but objectifications of logical forms. The categories of Kant are derived from the logical analysis of judgments, and those of Aristotle (framed before the accurate separation of syntax and logic) are derived from a half-logical half-grammatical analysis of propositions. Now upon the table of the categories philosophy is erected, - not merely metaphysic but the philosophy of religion, of morals, of law, and of every science. To form a table of the categories is, therefore, the great end of logic.
>
> Kant first formed a table of the various logical divisions of judgments, and then deduced his categories directly from these. For example, corresponding to the categorical form of judgment is the relation of substance and accident, and corresponding to the hypothetical form is the relation of cause and effect. The correspondences between the functions of judgment and the categories are obvious and certain. So far the method is perfect. Its defect is that it affords no

---

[2]Vgl. HARVARD LECTURE ON KANT, W1:251ff [MS 101: März-April 1865]. Vgl. dazu auch Kap. 5.1.

warrant for the correctness of the preliminary table, and does not display that direct reference to the unity of consistency which alone gives validity to the categories.

Partly in order to remedy this defect, Hegel produced his logic. He begins at the unity of being and runs through the categories guided by the homogeneousness of their internal relationships, and ends with the functions of judgment. He brought to the task such a surpassing genius for this kind of thought, that by the result of his labor, this inverted method must be finally judged. Now his procedure does not seem to give determinate solutions; but the results seem to be arbitrary; for whereas he has finally arrived at the same divisions of the judgment as were made by Kant and currently received at Hegel's day, the more recent researches of logic have modified these and have shown them to be wrong.

The method which ought to be adopted is one which derives the categories from the functions of judgment but which has its starting-point in pure being. [...]

LOGIC CHAPTER I, W1:351ff [MS 115: Winter-Frühling 1866]

Peirce, der sich zeit seines Lebens primär als Logiker verstanden hat, definiert hier „das große Ziel der Logik" (the great end of logic) offensichtlich mit Blick auf Kants Idee einer „Transzendental-Philosophie", d.h. mit Blick auf Kants Projekt der nicht-dogmatischen Begründung eines Systems aller Prinzipien der „Erkenntnis a priori". „Das große Ziel der Logik" besteht für Peirce nämlich darin, „eine Kategorientafel zu bilden" (to form a table of the categories), um auf der Grundlage derselben ein Gebäude der Philosophie zu „errichten" (erect), das sämtliche philosophischen Disziplinen umfaßt. Indem er die Urteilstafel, von der Kant seine Kategorientafel ableitet, für „falsch" (wrong) erachtet, läßt Peirce nun zwar das von Kant errichtete Gebäude der Philosophie in sich zusammenfallen, ist aber zugleich darum bemüht, das von ihm verworfene Kategoriensystem Kants durch ein korrektes Kategoriensystem zu ersetzen, um auf diese Weise dem neu zu errichtenden Gebäude der Philosophie ein solides Fundament zu verschaffen. Diese Bemühungen führen - wie sich zeigen wird - unmittelbar zur Ableitung seiner „New List of Categories".[3]

Anhand der beiden bisher zitierten Passagen aus Peirces Frühwerk wird deutlich, daß das Projekt einer 'Dekonstruktion' der „Transzendendal-Philosophie" Kants am Anfang von Peirces Denkweg steht und für diesen zumindest insofern von entscheidender Bedeutung ist, als es zu dem Kategoriensystem führt, an dem Peirce sein Leben lang festhält. Tatsächlich jedoch läßt sich nicht nur dieses Kategoriensystem, sondern auch das Projekt, auf der Grundlage dieses Kategoriensystems ein System der Philosophie zu errichten, wie ein roter Faden bis in Peirces Spätwerk hinein weiterverfolgen. So stoßen wir etwa in einem knapp zwanzig Jahre später verfaßten Manuskript auf folgende Passage:

Thus, the whole system of Kant depends upon the truth and necessity of the system of formal logic [...]. If the latter system is artificial, the Kantian philosophy must fall to the ground; yet even then it would seem that there must

___
[3]Vgl. Kap. 5.

be in place of that a true system which would be based in a similar way upon the correct analysis of formal logic.

W5:XXXV [MS 540: Sommer 1885]

Prägnanter als in dieser Passage läßt sich der in der zuvor zitierten Passage geschilderte Sachverhalt kaum zum Ausdruck bringen. Die Konstanz, mit der sich Peirces ursprüngliche Problemstellung über zwanzig Jahre hinweg praktisch unverändert durchgehalten hat, ist wahrlich bemerkenswert.

Auch weitere fünf bis sieben Jahre später hat sich daran nichts wesentliches geändert. Zu dieser Zeit unternimmt Peirce erstmals den Versuch einer zusammenhängenden Darstellung der Grundzüge einer mit seinem Kategoriensystem kompatiblen Metaphysik. Dieser Versuch manifestiert sich zum einen in einem fragmentarischen Buch, das bemerkenswerterweise den Titel A GUESS AT THE RIDDLE trägt,[4] und zum anderen in einer aus dem Material dieses Buches entwickelten Aufsatzreihe, die in den Jahren 1891-93 in der Zeitschrift THE MONIST erschienen ist und deren erster Aufsatz bezeichnenderweise den Titel THE ARCHITECTURE OF THEORIES trägt.[5] Die beiden folgenden Passagen entstammen jeweils der Einleitung zu diesem Buches bzw. zu diesem Aufsatz:

> To erect a philosophical edifice that shall outlast the vicissitudes of time, my care must be, not so much to set each brick with nicest accuracy, as to lay the foundations deep and massive. [...] The undertaking which this volume inaugurates is to make a philosophy like that of Aristotle, that is to say, to outline a theory so comprehensive that, for a long time to come, the entire work of human reason, in philosophy of every school and kind, in mathematics, in psychology, in physical science, in history, in sociology, and in whatever other department there may be, shall appear as the filling up of its details. The first step toward this is to find simple concepts applicable to every subject.

A GUESS AT THE RIDDLE, CP1.1 [G-c.1890-1]

> That systems ought to be constructed architectonically has been preached since Kant, but I do not think the full import of the maxim has by any means been apprehended. What I would recommend is [...] to make a systematic study of the conceptions out of which a philosophical theory may be built, in order to ascertain what place each conception may fitly occupy in such a theory, and to what uses it is adapted.

THE ARCHITECTURE OF THEORIES, CP6.9 [G-1891-1a]

Mit seiner Absicht, auf der Grundlage fundamentaler „Begriffe" (concepts, conceptions) ein „philosophisches Gebäude" (philosophical edifice) bzw. eine „architektonisch konstruierte" (constructed architectonically) „philosophische Theorie" (philo-

---

[4]Vgl. CP1.1-2, 1.354-368, 1.373-375, 1.379-416 [G-c.1890-1]. Mit dem Titel dieses fragmentarischen Buches spielt Peirce auf Ralph Waldo Emersons Gedicht „The Sphinx" an, in dem Emerson das Rätsel der Sphinx besingt.

[5]Vgl. CP6.7-34 [G-1891-1a]. Die Titel der folgenden Aufsätze lauten: THE DOCTRINE OF NECESSITY REEXAMINED, CP6.35-65 [G-1891-1b], THE LAW OF MIND, CP6.102-163 [G-1891-1c], MAN'S GLASSY ESSENCE, CP6.238-271 [G-1891-1d], EVOLUTIONARY LOVE, CP6.287-317 [G-1891-1e], REPLY TO THE NECESSITARIANS. REJOINDER TO DR. CARUS, CP6.588-618 [G-1891-1f].

sophical theory) zu errichten, knüpft Peirce hier allem Anschein nach an das von ihm ein Vierteljahrhundert zuvor formulierte Projekt einer 'Dekonstruktion' der „Transzendental-Philosophie" Kants an. Tatsächlich sind die „Begriffe", auf deren Grundlage Peirce das „Gebäude" der Philosophie errichten will, keine anderen als die Kategorien des Kategoriensystems, das er im Horizont dieses Projekts als Ersatz für das mangelhafte Kategoriensystem Kants vorgeschlagen hatte.

Peirces 'Dekonstruktion' der „Transzendental-Philosophie" Kants kulminiert in mehreren Ansätzen zu einer „Natürlichen Klassifikation der Wissenschaften" (natural classification of sciences), die er bezeichnenderweise im Zusammenhang mit seinem letzten Versuch unternimmt, sein Lebenswerk zusammenzufassen und seine philosophische Position zusammenhängend darzustellen.[6] Peirces „Natürliche Klassifikation der Wissenschaften" kann nämlich zumindest in ihrem „Mathematik" (Mathematics) und „Philosophie" (Philosophy) betreffenden Teil als systematischer Gegenentwurf zu Kants „Architektonik der reinen Vernunft" verstanden werden. Das diese Klassifikation dominierende dreistellige Einteilungsschema, bei dem sich die drei Subdisziplinen einer gegebenen Disziplin jeweils so zueinander verhalten wie die Kategorien „Erstheit" (Firstness), „Zweitheit" (Secondness), „Drittheit" (Thirdness), entspricht nämlich genau demjenigen Einteilungsschema, das bei konsequenter Realisierung von Kants Projekt der nicht-dogmatischen Begründung eines Systems aller Prinzipien der „Erkenntnis a priori" auf der Grundlage von Peirces Kategoriensystem zu erwarten wäre.[7]

Peirces „Natürlicher Klassifikation der Wissenschaften" zufolge unterteilt sich die „Philosophie" in „Phänomenologie" (Phenomenology), „Normative Wissenschaft" (Normative Science) und „Metaphysik" (Metaphysics). Da sich diese drei Subdisziplinen der „Philosophie" so zueinander wie die Kategorien „Erstheit" (Firstness), „Zweitheit" (Secondness), „Drittheit" (Thirdness), stellt die als „Lehre von den Kategorien" (Doctrine of the Categories) bzw. „Kategorik" (Categorics) verstandene „Phänomenologie" für Peirce die fundamentale Disziplin der „Philosophie" dar.[8] An diesem Umstand manifestiert sich die Tatsache, daß Peirces 'Dekonstruktion' der „Transzendental-Philosophie" Kants nicht nur Kants Kategoriensystem, sondern vor allem auch die ontologische Position betrifft, die Kant mit seinem Entwurf einer „Transzendental-Philosophie" zu verbinden scheint. Symptomatisch für diese Tatsache ist darüberhinaus insbesondere der Umstand, daß Peirce in seinem Spätwerk seine von ihm eher widerwillig als „Pragmatizismus" (pragmaticism)[9] betitelte philosophische Position wiederholt als eine Position darstellt, die sich direkt aus der Position Kants ergebe, sobald man aus dieser die Idee eines „Ding-an-sich" eliminiere und die Details derselben dement-

---

[6]Vgl. die schematische Darstellung dreier Versionen dieser Klassifikation im Appendix, Item 2.

[7]Vgl. dazu Kap. 7.

[8]Peirce bezeichnet diese „Phänomenologie" später auch als „Phaneroskopie" (phaneroscopy), aus gr.: τὸ φανερόν, „das vor aller Augen Sichtbare, das Offenbare", und gr.: ἡ σκοπιά, „das Beobachten, die Beobachtung".

[9]Der im Alter völlig verarmte und vergessene Peirce verwendet den Begriff „Pragmatizismus" (pragmaticism), um einerseits zwar von dem Interesse zu profitieren, das die von seinem Schüler William James popularisierte Position des „Pragmatismus" (pragmatism) unter seinen Zeitgenossen zu finden beginnt, andererseits aber seine eigene Position davon terminologisch abzugrenzen.

sprechend korrigiere. Als Beispiel seien hier die folgenden beiden Passagen aus zwei Manuskripten angeführt, in denen Peirce jeweils die in seiner Position des „Pragmatizismus" implizierte Position des „Critical Common-sensism" erläutert:

> The present writer was a pure Kantist until he was forced by successive steps into Pragmaticism. The Kantist has only to abjure from the bottom of his heart the proposition that a thing-in-itself can, however indirectly, be conceived; and then correct the details of Kant´s doctrine accordingly, and he will find himself to have become a Critical Common-sensist.
>
> ISSUES OF PRAGMATICISM, CP5.452 [G-1905-1b]

> Kant (whom I *more* than admire) is nothing but a somewhat confused pragmatist. [...] [I]n half a dozen ways the *Ding an sich* has been proved to be non-sensical; [...] Therefore, all references to it must be thrown out as meaningless surplusage. But when that is done, we see clearly that Kant regards Space, Time, and his Categories just as everybody else does, and never doubts or has doubted their objectivity. His limitation of them to possible experience is pragmatism in the general sense; and the pragmaticist, as fully as Kant, recognizes the mental ingredient in these concepts. Only (trained by Kant to define), he defines more definitely, and somewhat otherwise, than Kant did, just how much of this ingredient comes from the mind of the individual in whose experience the cognition occurs. The kind of Common-sensism which thus criticizes the Critical Philosophy and recognizes its own affiliation to Kant has surely a certain claim to call itself Critical Common-sensism.
>
> CP5.525 [G-c.1905-8]

Wenn Peirce hier seinen „Critical Common-sensism" als einen *aus der Kritik an Kants „Kritischer Philosophie" hervorgegangenen Abkömmling derselben* charakterisiert, so ist dies offensichtlich als ein später Reflex auf das zu Beginn seines Denkweges formulierte Projekt einer 'Dekonstruktion' der „Transzendental-Philosophie" Kants zu verstehen. Im Gegensatz zu seinen damaligen Darstellungen dieses Projekts stellt Peirce aber anläßlich der Darstellung seines „Critical Common-sensism" nicht die 'Dekonstruktion' von Kants Kategoriensystem in den Vordergrund, sondern die 'Dekonstruktion' der ontologischen Position, die Kant mit seinem Entwurf einer „Transzendental-Philosophie" zu verbinden scheint.

Die im Vorangegangenen zusammengetragenen Textstellen machen somit nicht nur die These plausibel, daß Peirces Philosophie im Horizont des Projekt einer 'Dekonstruktion' der „Transzendental-Philosophie" Kants zu verstehen ist, sondern sie geben zugleich Hinweise darauf, daß Peirces 'Dekonstruktion' der „Transzendental-Philosophie" Kants nicht nur Kants Kategoriensystem, sondern vor allem auch die ontologische Position betrifft, die Kant mit seinem Entwurf einer „Transzendental-Philosophie" zu verbinden scheint. Um nun aber neben diesen beiden auch möglichst alle anderen Aspekte von Peirces 'Dekonstruktion' der „Transzendental-Philosophie" Kants zu erfassen, bedarf es offensichtlich einer *systematischen Rekonstruktion* derselben. Ich werde daher nunmehr dazu übergehen, Peirces 'Dekonstruktion' derjenigen Architektur- und Erkenntnisprinzipien der „Transzendental-Philosophie" Kants zu rekonstruieren, auf deren Grundlage Kant seinen Entwurf eines Systems aller Prinzipien der „Erkenntnis a priori" zur Entfaltung bringt.

3.
Peirces 'Dekonstruktion' von Kants Unterscheidung zwischen Erkenntnissen „a priori" und „a posteriori"

Ausgangspunkt der KRITIK DER REINEN VERNUNFT und fundamentales Architekturprinzip der „Transzendental-Philosophie" ist die Unterscheidung zwischen „Erkenntnissen a priori" und „Erkenntnissen a posteriori".

Wenn Kant anläßlich der Unterscheidung zwischen „Erkenntnissen a priori" und „Erkenntnissen a posteriori" seiner Intention gerecht werden will, bei der Grundlegung der „Transzendental-Philosophie" keine dogmatischen Voraussetzungen zugrundezulegen, dann muß er sich offensichtlich darauf beschränken, diese beiden komplementären Klassen von Urteilen im allgemeinen durch bestimmte Kriterien zu *definieren*, um mittels dieser Kriterien gegebene Urteile als „Erkenntnisse a priori" bzw. „Erkenntnisse a posteriori" zu *klassifizieren*. Die Wahl dieser Kriterien sollte durch den Zweck bestimmt sein, den Kant mit seiner Idee einer „Transzendental-Philosophie" verfolgt.

Kant benennt als *Kriterien* der Unterscheidung zwischen „Erkenntnissen a priori" und „Erkenntnissen a posteriori" die beiden Kriterien der „*Notwendigkeit*" und „*strengen Allgemeinheit*". „Notwendigkeit und strenge Allgemeinheit sind also sichere Kennzeichen einer Erkenntnis a priori", die „unzertrennlich zu einander [gehören]" und „deren jedes für sich unfehlbar ist".[1] Demnach ist eine „Erkenntnis a priori" im Gegensatz zu einer „Erkenntnis a posteriori" als ein Urteil definiert, das dem Kriterium der „Notwendigkeit" oder aber dem Kriterium der „strengen Allgemeinheit" genügt. Dem Kriterium der „Notwendigkeit" genügt ein Urteil dann, wenn von dem darin ausgesagten Sachverhalt gedacht wird, „daß es nicht anders sein könne"; dem Kriterium der „strengen Allgemeinheit" genügt ein Urteil dagegen dann, wenn von der darin ausgesagten „Regel" „gar keine Ausnahme als möglich verstattet wird".[2]

Unter einer so definierten „Erkenntnis a priori" ist nun aber nicht etwa, wie es scheinen könnte, ein unfehlbares Urteil zu verstehen, sondern vielmehr ein Urteil darüber, was *in jeder uns vorstellbaren Welt* der Fall ist. Hierfür sprechen vor allem die drei folgenden Argumente:

Erstens wird nur auf der Grundlage der so verstandenen Definition einer „Erkenntnis a priori" unmittelbar verständlich, warum Kant behaupten kann, mit seiner Idee einer „Transzendental-Philosophie" an Wolffs Idee eines Systems der Philosophie anzuknüpfen und dabei letztlich nichts anderes zu beabsichtigen, als dessen Entwurf eines solchen Systems von seinem „Dogmatism" zu befreien.[3] Wolff nämlich versteht unter „Philosophie" (philosophia) die „Wissenschaft von dem, was möglich ist" (scientia possibilium).[4] Soll nun aber eine so verstandene Philosophie Kants Kritik an Wolffs „Dogmatism" gemäß ohne Rekurs auf dogmatische Voraussetzungen zur Entfaltung gebracht werden, so bedarf es dazu offensichtlich der nicht-dogmatischen Begründung

---

[1]Vgl. KRITIK DER REINEN VERNUNFT, B 4.
[2]Vgl. KRITIK DER REINEN VERNUNFT, B 3f.
[3]Vgl. KRITIK DER REINEN VERNUNFT, B XXXVff.
[4]Vgl. PHILOSOPHIA RATIONALIS SIVE LOGICA, *Discursus praeliminaris de philosophia in genere*, § 29. Vgl. Appendix, Item 3.

eines Systems all derjenigen Sachverhalte, die in jeder uns vorstellbaren Welt der Fall sind. Werden also unter „Erkenntnissen a priori" Urteile darüber verstanden, was in jeder uns vorstellbaren Welt der Fall ist, so ist der Zusammenhang zwischen Wolffs Idee eines Systems der Philosophie und Kants Idee einer „Transzendental-Philosophie" unmittelbar offensichtlich. Würden unter „Erkenntnissen a priori" dagegen unfehlbare Urteile verstanden, so wäre dieser Zusammenhang allenfalls unter Rekurs auf zusätzliche Voraussetzungen verständlich.

Zweitens wird nur auf der Grundlage der so verstandenen Definition einer „Erkenntnis a priori" unmittelbar verständlich, warum Kant behaupten kann, daß es Urteile geben können *muß*, die den Kriterien einer „Erkenntnis a priori" genügen.[5] Jede beliebige Menge uns vorstellbarer Welten muß nämlich durch Bedingungen definiert sein, die allen diesen Welten gemein sind und als solche für uns gewissermaßen die Weltlichkeit von Welt ausmachen. Werden also unter „Erkenntnissen a priori" Urteile darüber verstanden, was in jeder uns vorstellbaren Welt der Fall ist, so ist der Grund für Kants Behauptung unmittelbar offensichtlich. Würden unter „Erkenntnissen a priori" dagegen unfehlbare Urteile verstanden, so wäre dieser Grund allenfalls unter Rekurs auf zusätzliche Voraussetzungen verständlich.

Drittens wird nur auf der Grundlage der so verstandenen Definition einer „Erkenntnis a priori" unmittelbar verständlich, warum es sich bei Kants Unterscheidung zwischen Prinzipien a priori der „Sinnlichkeit" und Prinzipien a priori des „Verstandes" um eine Unterscheidung zwischen zwei Spezies von „Erkenntnissen a priori" handelt. Kant definiert diese Unterscheidung nämlich als eine Unterscheidung zwischen zwei Klassen von Urteilen, die die „reinen Formen" zum Gegenstand haben, unter deren Bedingungen jede uns vorstellbare Welt stehen muß.[6] Werden also unter „Erkenntnissen a priori" Urteile darüber verstanden, was in jeder uns vorstellbaren Welt der Fall ist, so ist der Grund, aus dem es sich bei dieser Unterscheidung um eine Unterscheidung zwischen zwei Spezies von „Erkenntnissen a priori" handelt, unmittelbar offensichtlich. Würden unter „Erkenntnissen a priori" dagegen unfehlbare Urteile verstanden, so wäre die Beziehung zwischen Genus und Spezies allenfalls unter Rekurs auf zusätzliche Voraussetzungen verständlich.

Ausgehend von der so verstandenen Definition einer „Erkenntnis a priori" lassen sich nun aber die folgenden beiden Thesen vertreten, vor deren Hintergrund Peirces 'Dekonstruktion' von Kants Unterscheidung zwischen „Erkenntnissen a priori" und „Erkenntnissen a posteriori" verständlich werden wird:

1.) Die Möglichkeit einer Klassifikation von Urteilen mittels der Kriterien der „Notwendigkeit" und „strenger Allgemeinheit" impliziert keine Aussage darüber, ob die Erkenntnis dessen, welche dieser Urteile diesen Kriterien genügen, lediglich *fehlbar* oder aber *unfehlbar* ist. (Kap. 3.1)

2.) Die Tatsache, daß es Urteile geben können muß, die den Kriterien der „Notwendigkeit" und „strenger Allgemeinheit" genügen, impliziert keine Aus-

---

[5]Vgl. KRITIK DER REINEN VERNUNFT, B 5f.
[6]Vgl. KRITIK DER REINEN VERNUNFT, B 33ff [A 19ff] bzw. B 74ff [A 50ff], sowie Kap. 4.

sage darüber, ob die Position eines *Idealismus* oder aber die Position eines *Realismus* zugrundegelegt werden muß. (Kap. 3.2)

Im Folgenden werde ich diese beiden Thesen zunächst einmal begründen. Auf dieser Grundlage werde ich dann jeweils zeigen, daß Peirce sich nicht nur für die einzig rationale Alternative entscheidet, wenn er keinerlei Anspruch auf Unfehlbarkeit erhebt und die Position eines Realismus vertritt, sondern sich mit dieser Entscheidung allem gegenteiligen Anschein zum Trotz auch nicht ganz zu Unrecht auf Kant beruft. Peirces 'Dekonstruktion' von Kants Unterscheidung zwischen „Erkenntnis a priori" und „Erkenntnis a posteriori" richtet sich daher nicht so sehr gegen Kant selbst als vielmehr gegen diejenigen Kant-Interpretationen, die Kants Idee einer „Transzendental-Philosophie" untrennbar mit dem Anspruch auf Unfehlbarkeit bzw. mit der Position eines Idealismus verbinden und sie auf diese Weise in Verruf bringen.

3.1.
Epistemologische Epoché

Von der These, daß die Möglichkeit einer Klassifikation von Urteilen mittels der Kriterien der „Notwendigkeit" und „strengen Allgemeinheit" keine Aussage darüber impliziert, ob die Erkenntnis dessen, welche dieser Urteile diesen Kriterien genügen, lediglich *fehlbar* oder aber *unfehlbar* ist, können wir uns leicht überzeugen, wenn wir bedenken, daß es zur Klassifikation von Urteilen mittels beliebiger Kriterien keiner unfehlbaren, sondern lediglich fehlbarer Erkenntnis dessen bedarf, ob ein Urteil diesen Kriterien genügt. Damit ist jedoch die Möglichkeit unfehlbarer Erkenntnis dessen, daß ein Urteil diesen Kriterien genügt, noch keineswegs ausgeschlossen. Die Möglichkeit einer Klassifikation von Urteilen mittels der Kriterien der „Notwendigkeit" und „strengen Allgemeinheit" läßt daher weder darauf schließen, daß die Erkenntnis dessen, welche dieser Urteile diesen Kriterien genügen, unfehlbar ist, noch läßt sie darauf schließen, daß diese Erkenntnis lediglich fehlbar ist.

Eine Antwort auf die Frage, welche dieser beiden Alternativen die rationalere ist, fällt jedoch offensichtlich nicht schwer. Erstens nämlich besteht zunächst einmal überhaupt kein Anlaß dafür, davon auszugehen, daß es neben der zweifellos möglichen fehlbaren Erkenntnis auch noch eine unfehlbare Erkenntnis davon gibt, ob ein Urteil den Kriterien der „Notwendigkeit" und „strengen Allgemeinheit" genügt. Zweitens aber würde sich dann, wenn wir Grund für die Auffassung zu haben glaubten, daß bestimmte Erkenntnisse unfehlbar seien, sofort die Frage stellen, ob diese Auffassung ihrerseits fehlbar oder aber unfehlbar ist, so daß wir zwangsläufig in einen infiniten Regreß gerieten.[7] Mithin wird deutlich, daß die Annahme, es gebe neben fehlbaren auch noch unfehlbare Erkenntnisse, nicht nur in dem hier fraglichen Fall, sondern im allgemeinen keiner rationalen Begründung fähig ist. Sie kann daher nur durch einen Akt der

---

[7]Dieses Argument ist bezeichnenderweise Peirces späterem Argument gegen die Annahme analog, es gebe „intuitive Erkenntnisse" (intuitions). Vgl. QUESTIONS CONCERNING CERTAIN FACULTIES CLAIMED FOR MAN, W2:193f [P26: Journal of Speculative Philosophy 2 (1868)].

28

Willkür aufrechterhalten werden, der die entsprechenden Erkenntnisse gegen mögliche Zweifel immunisiert und somit der (von Kant programmatisch abgelehnten) dogmatischen Voraussetzung der von ihnen repräsentierten Sachverhalte gleichkäme.

Im Folgenden werde ich nun zunächst einmal herausarbeiten, daß es allem gegenteiligen Anschein zum Trotz gute Gründe gibt, daran zu zweifeln, daß Kant die Erkenntnis dessen, welche Urteile den Kriterien der „Notwendigkeit" und „strengen Allgemeinheit" genügen, für unfehlbar hält (Kap. 3.1.1). Vor diesem Hintergrund wird dann verständlich werden, daß Peirce sich nicht nur für die einzig rationale Alternative entscheidet, wenn er diese Erkenntnis für fehlbar hält, sondern sich mit dieser Entscheidung allem gegenteiligen Anschein zum Trotz auch nicht ganz zu Unrecht auf Kant beruft (Kap. 3.1.2).

3.1.1.
Kants vermeintlicher Infallibilismus

Zweifellos erweckt Kant in beiden Auflagen der KRITIK DER REINEN VERNUNFT den Eindruck, er halte die Erkenntnis dessen, bei welchen Urteilen es sich um „Erkenntnisse a priori" handelt, für unfehlbar. Dieser Eindruck wird nicht zuletzt dadurch genährt, daß Kant für die Ergebnisse der KRITIK DER REINEN VERNUNFT gelegentlich „Gewißheit", ja sogar „apodiktische" bzw. „völlige Gewißheit" reklamiert. So hat sich Kant, „[w]as [...] die *Gewißheit* [seiner „kritischen Untersuchung'] betrifft," in der „Vorrede" zur ersten Auflage der KRITIK DER REINEN VERNUNFT „selbst das Urteil gesprochen: [...] daß alles, was darin einer Hypothese nur ähnlich sieht, verbotene Ware sei," zumal die von ihm intendierte „Bestimmung aller reinen Erkenntnisse a priori [...] das Richtmaß, mithin selbst das Beispiel aller apodiktischen (philosophischen) Gewißheit sein soll".[8] Dementsprechend beansprucht Kant auch noch in der zweiten Auflage der KRITIK DER REINEN VERNUNFT „völlige Gewißheit" für die von ihm ermittelten „Grundsätze des reinen Verstandes".[9]

Der auf diese Weise erweckte Eindruck, Kant erhebe Anspruch auf Unfehlbarkeit, kann jedoch nicht darüber hinwegtäuschen, daß Kant einen derartigen Anspruch durch nichts begründen könnte. Diese Unmöglichkeit kommt im Horizont der KRITIK DER REINEN VERNUNFT insbesondere daran zum Ausdruck, daß Kant keine Unfehlbarkeit für die Urteilstafel beanspruchen könnte, an deren „Leitfaden" er seine „Tafel der Kategorien" und somit sein „System aller Grundsätze des reinen Verstandes" ableitet.[10] Wenn Kant nämlich keine Unfehlbarkeit dafür beanspruchen kann, daß es sich bei der von ihm zugrundegelegten Urteilstafel tatsächlich um das vollständige System der elementaren „logischen Funktionen in allen möglichen Urteilen" handelt, dann kann er offensichtlich auch keine Unfehlbarkeit dafür beanspruchen, daß es sich bei dem am „Leitfaden" dieser Urteilstafel abgeleiteten „System aller Grundsätze des reinen Ver-

---

[8]Vgl. KRITIK DER REINEN VERNUNFT, A XV.
[9]Vgl. KRITIK DER REINEN VERNUNFT, B 200f [A 161f].
[10]Vgl. KRITIK DER REINEN VERNUNFT, B 95ff [A 70ff], B 102ff [A 76ff] sowie B 187ff [A 148ff].

standes" tatsächlich um das „System aller Grundsätze des reinen Verstandes" handelt. Vielmehr hätten wir in dem Maße, in dem wir Anlaß zu der These hätten, daß die von Kant zugrundegelegte Urteilstafel eine auf der Grundlage gegebener Urteile gewonnene *Hypothese* über das vollständige System der elementaren „logischen Funktionen in allen möglichen Urteilen" darstellt, auch Anlaß zu der These, daß das am „Leitfaden" dieser Urteilstafel abgeleitete „System aller Grundsätze des reinen Verstandes" eine *Hypothese* über das „System aller Grundsätze des reinen Verstandes" darstellt.

Wollte Kant nun aber ungeachtet der Tatsache, daß er einen Anspruch auf Unfehlbarkeit durch nichts begründen könnte, anläßlich der Identifikation von „Erkenntnissen a priori" tatsächlich einen solchen Anspruch erheben, so käme dies faktisch einer dogmatischen Begründung der „Transzendental-Philosophie" gleich. Kant würde dann also auf geradezu stümperhafte Weise die Intention verfehlen, die er mit seiner KRITIK DER REINEN VERNUNFT verfolgt. Schon allein dieser Umstand läßt gehörige Zweifel daran aufkommen, ob Kant tatsächlich Anspruch auf Unfehlbarkeit erhebt. Diese Zweifel finden nun aber in der zweiten Auflage der KRITIK DER REINEN VERNUNFT bezeichnenderweise gerade an derjenigen Stelle eine Bestätigung, an der Kant gleich zu Beginn der „Einleitung" derselben die Unterscheidung zwischen „Erkenntnissen a priori" und „Erkenntnissen a posteriori" einführt:

> Daß alle unsere Erkenntnis mit der Erfahrung anfange, daran ist gar kein Zweifel; denn wodurch sollte das Erkenntnisvermögen sonst zur Ausübung erweckt werden, geschähe es nicht durch Gegenstände, die unsere Sinne rühren und teils von selbst Vorstellungen bewirken, teils unsere Verstandestätigkeit in Bewegung bringen, diese zu vergleichen, sie zu verknüpfen oder zu trennen, und so den rohen Stoff sinnlicher Eindrücke zu einer Erkenntnis der Gegenstände zu verarbeiten, die Erfahrung heißt? *Der Zeit nach* geht also keine Erkenntnis in uns vor der Erfahrung vorher, und mit dieser fängt alle an.
>
> Wenn aber gleich alle unsere Erkenntnis *mit* der Erfahrung anhebt, so entspringt sie darum doch nicht eben alle *aus* der Erfahrung. Denn es könnte wohl sein, daß selbst unsere Erfahrungserkenntnis ein Zusammengesetztes aus dem sei, was wir durch Eindrücke empfangen, und dem, was unser eigenes Erkenntnisvermögen (durch sinnliche Eindrücke bloß veranlaßt) aus sich selbst hergibt, welchen Zusatz wir von jenem Grundstoffe nicht eher unterscheiden, als bis lange Übung uns darauf aufmerksam und zur Absonderung desselben geschickt gemacht hat.
>
> Es ist also wenigstens eine der näheren Untersuchung noch benötigte und nicht auf den ersten Anschein sogleich abzufertigende Frage: ob es ein dergleichen von der Erfahrung und selbst von allen Eindrücken der Sinne unabhängiges Erkenntnis gebe. Man nennt solche *Erkenntnisse a priori*, und unterscheidet sie von den *empirischen*, die ihre Quellen a posteriori, nämlich in der Erfahrung haben.

KRITIK DER REINEN VERNUNFT, B 1f

Kant geht von der Voraussetzung aus, daß „alle unsere Erkenntnis mit der Erfahrung anfange", so daß „*[d]er Zeit nach* [...] keine Erkenntnis in uns vor der Erfahrung vorher[geht]". Auf der Grundlage dieser Voraussetzung will Kant zwei komplementäre Klassen von Erkenntnissen unterscheiden: die Klasse der „Erkenntnisse a priori" und

die Klasse der „Erkenntnisse a posteriori". „Erkenntnisse a priori" sollen sich gegenüber „Erkenntnissen a posteriori" dadurch auszeichnen, daß sie im Gegensatz zu jenen
„von der Erfahrung und selbst von allen Eindrücken der Sinne unabhängig" sind bzw.
„ihre Quellen" nicht „in der der Erfahrung haben". Neben dem *zeitlichen* Verhältnis zur
Erfahrung, hinsichtlich dessen sich „Erkenntnisse a priori" nicht von „Erkenntnissen a
posteriori" unterscheiden, soll also noch ein *nicht-zeitliches* Verhältnis von Erkenntnissen
zur Erfahrung bestehen, das Kant mit der unglücklichen, weil zeitlichen Metapher eines
„Entspringens" aus der „Quelle" der Erfahrung charakterisiert. Bezüglich dieses nicht-
zeitlichen Verhältnisses zur Erfahrung sollen „Erkenntnisse a priori" von Erfahrung
unabhängig, „Erkenntnisse a posteriori" hingegen von Erfahrung abhängig sein.

Um die so definierte Unterscheidung zwischen „Erkenntnissen a priori" und „Erkenntnissen a posteriori" zu motivieren, erwägt Kant die *Möglichkeit*, „daß selbst unsere
Erfahrungserkenntnis ein Zusammengesetztes aus dem sei, was wir durch Eindrücke
empfangen, und dem, was unser eigenes Erkenntnisvermögen (durch sinnliche Eindrücke bloß veranlaßt) aus sich selbst hergibt." Dabei versteht er unter „unsere[r] Erfahrungserkenntnis" nicht etwa die „Erkenntnis der Gegenstände [...], die Erfahrung
heißt", sondern die „Erkenntnis", die „aus der Erfahrung [entspringt]".[11] Wenn Kant
daher auf der Grundlage eines von ihm hier lediglich als *Möglichkeit* erwogenen *epistemologischen Modells* „ein dergleichen von der Erfahrung und selbst von allen Eindrücken der
Sinne unabhängiges Erkenntnis" als „Erkenntnis a priori" charakterisiert, so sind unter
„dergleichen" Erkenntnissen offenbar Urteile zu verstehen, die nichts als dasjenige repräsentieren, was diejenige Komponente „unsere[r] Erfahrungserkenntnis" repräsentiert, die „unser eigenes Erkenntnisvermögen (durch sinnliche Eindrücke bloß veranlaßt) aus sich selbst hergibt". Urteile also, die nichts als dasjenige repräsentieren, was
diejenige Komponente „unsere[r] Erfahrungserkenntnis" repräsentiert, die „unser eigenes Erkenntnisvermögen (durch sinnliche Eindrücke bloß veranlaßt) aus sich selbst
hergibt", würden den Kriterien einer „Erkenntnis a priori" genügen.[12]

Entscheidend für die Beantwortung unserer gegenwärtigen Frage ist nun der Umstand, daß Kant zufolge derartige Urteile durch eine „Absonderung" ermittelt werden
müssen, zu der wir durch „lange Übung" allererst „geschickt gemacht" werden müssen.
Wenn nämlich derartige Urteile auf solche Weise ermittelt werden müssen, dann besteht offensichtlich aller Grund zu der Annahme, daß wir uns jederzeit darüber täu-
schen können, ob es sich bei einem so gewonnenen Urteil tatsächlich um eine „Erkenntnis a priori" handelt. Kant gesteht in seiner Erwägung also offensichtlich implizit

---

[11]Diese Interpretation ergibt sich zwingend aus Kants Verwendung des Wörtchens „selbst":
Kant möchte offensichtlich die Erwägung zum Ausdruck bringen, daß *nicht nur* die „Erkenntnis der
Gegenstände [...], die Erfahrung heißt", sondern „selbst unsere Erfahrungserkenntnis", d.h. *sogar* die
„Erkenntnis", die „aus der Erfahrung [entspringt]", „ein Zusammengesetztes aus dem sei, was wir
durch Eindrücke empfangen, und dem, was unser eigenes Erkenntnisvermögen (durch sinnliche
Eindrücke bloß veranlaßt) aus sich selbst hergibt."

[12]Man beachte, daß keineswegs notwendig umgekehrt gilt, daß Urteile, die den Kriterien einer
„Erkenntnis a priori" genügen, Urteile wären, die nicht als dasjenige repräsentieren, was diejenige
Komponente „unsere[r] Erfahrungskenntnis" repräsentiert, die „unser eigenes Erkenntnisvermögen
(durch sinnliche Eindrücke bloß veranlaßt) aus sich selbst hergibt".

ein, daß die Erkenntnis dessen, bei welchen Urteilen es sich um „Erkenntnisse a priori" handelt, fehlbar sein kann.

Vor diesem Hintergrund erscheint es angebracht, die Indizien zu überprüfen, die die These nahelegen, Kant erhebe Anspruch auf Unfehlbarkeit. Es stellt sich also die Frage, ob Kant mit seinem Anspruch auf „Gewißheit" tatsächlich einen Anspruch auf Unfehlbarkeit verbindet. Betrachtet man die Definition des Begriffs „Gewißheit", die Kant an prominenter Stelle der KRITIK DER REINEN VERNUNFT, nämlich im Abschnitt „Vom Meinen, Wissen und Glauben" gibt, so stellt sich heraus, daß dies keineswegs der Fall ist. Unter „Gewißheit" versteht Kant dort nämlich lediglich die „objektive Zulänglichkeit" eines Urteils.[13] „Objektiv zulänglich" ist ein Urteil für Kant aber dann, „wenn es für jedermann gültig ist, sofern er Vernunft hat".[14] Kants Anspruch auf „Gewißheit" kommt daher lediglich der Behauptung gleich, daß die entsprechenden Urteile für jedermann gültig sind, sofern er Vernunft hat. Sowenig Kant aber ausschließen kann, daß er mit einer solchen Behauptung einem Irrtum unterliegt, sowenig impliziert Kants Anspruch auf „Gewißheit" einen Anspruch auf Unfehlbarkeit.

Der Eindruck, Kant erhebe Anspruch auf Unfehlbarkeit, kann dementsprechend letztlich nur deshalb entstehen, weil Kant sich die Frage, auf welche Weise *bekannt* ist, ob es sich bei einem Urteil um eine „Erkenntnis a priori" handelt, überhaupt nicht zum Problem macht. Dieses Versäumnis ist insofern entschuldbar, als diese Frage im Rahmen des Projekts, das Kant mit seiner Idee einer „Transzendental-Philosophie" verfolgt, von nur sekundärer Bedeutung ist.

3.1.2.
Peirces uneingeschränkter Fallibilismus

Aufschluß über Peirces Interpretation von Kants Unterscheidung zwischen „Erkenntnissen a priori" und „Erkenntnissen a posteriori" erhalten wir aus seiner HARVARD LECTURE ON KANT, welche uns schon insofern bekannt ist, als wir in ihr einen ersten Beleg dafür gefunden hatten, daß Peirce an Kants Projekt der nicht-dogmatischen Begründung eines Systems aller Prinzipien der „Erkenntnis a priori" festhält.[15] Peirces HARVARD LECTURE ON KANT ist Teil einer Vorlesungsreihe mit dem Titel ON THE LOGIC OF SCIENCE, die Peirce im Frühjahr 1865 an der Harvard Universität gehalten hat.[16] Sie beginnt daher bezeichnenderweise mit der folgenden Behauptung:

> There is a very intimate relation between the question of the logic of science, namely how can material inference be valid, and one of the fundamental questions of metaphysics, how can the conceptions of cause, substance, necessity, *et cetera* be valid. How this connection comes about we shall be able to see as soon as we have distinct notions of the comprehension of these two questions. Suffice it for the present to assert that they are as transcendental

---

[13]Vgl. KRITIK DER REINEN VERNUNFT, *Vom Meinen, Wissen und Glauben*, B 850 [A 822].
[14]Vgl. KRITIK DER REINEN VERNUNFT, *Vom Meinen, Wissen und Glauben*, B 848 [A 820].
[15]Vgl. Zitat und Analyse in Kap. 1.2.
[16]Vgl. ON THE LOGIC OF SCIENCE (Harvard Lectures of 1865), W 1:161 ff.

problems so bound together that we cannot intelligently criticise the various opinions which are held about one without having some elementary notions of the other of these questions.

HARVARD LECTURE ON KANT, W1:240 [MS 101: März-April 1865]

Peirce motiviert seine Auseinandersetzung mit Kant im Rahmen seiner Vorlesungsreihe ON THE LOGIC OF SCIENCE ausgehend von der These, daß „eine sehr enge Beziehung" (a very intimate relation) zwischen „der Frage der Logik der Wissenschaft" (the question of the logic of science) und „einer der fundamentalen Fragen der Metaphysik" (one of the fundamental questions of metaphysics) besteht. Die „Frage der Logik der Wissenschaft" ist für Peirce die Frage nach dem Grund der Validität „materieller Inferenz" (material inference), d.h. die Frage nach dem Grund der Validität empirischer Hypothesen im weitesten Sinne.[17] Die von Peirce intendierte „fundamentale Frage der Metaphysik" ist dagegen die Frage nach dem Grund der Validität der Begriffe „Ursache, Substanz, Notwendigkeit, et cetera" (cause, substance, necessity, et cetera), d.h. die Frage nach der Validität der von Kant vertretenen „reinen Verstandesbegriffe oder Kategorien".[18] Bei der „sehr engen Beziehung", die Peirce zufolge zwischen der „Frage Logik der Wissenschaft" und „einer der fundamentalen Fragen der Metaphysik" besteht, handelt es sich also offensichtlich um die Beziehung zwischen der Frage nach dem Grund der Validität empirischer Hypothesen und der Frage nach dem Grund der Validität von „Erkenntnissen a priori".

Angesichts der Tatsache, daß es sich bei diesen beiden Fragen um „transzendentale Probleme" (transcendental problems) handelt, „die so miteinander verbunden sind, daß wir die verschiedenen Meinungen, die über die eine der beiden Fragen vertreten werden, nicht intelligent kritisieren können, ohne einige elementare Vorstellungen über die andere der beiden Fragen zu haben", findet sich Peirce „nicht in der Lage, auch nur einen einzigen Schritt zu tun, solange [er] die Prinzipien, auf denen Kants Philosophie gegründet ist, nicht einigermaßen definiert [hat]".[19] Nachdem er zunächst Zielsetzung, Aufbau und Gliederung der KRITIK DER REINEN VERNUNFT und dann die Begriffsgeschichte der Unterscheidung zwischen „a priori" und „a posteriori" bis hin zu Kant skizziert hat, stellt er im Zusammenhang mit der Frage, ob es „Erkenntnisse a priori" gibt, Kants Unterscheidung zwischen „Erkenntnissen a priori" und „Erkenntnissen a posteriori" schließlich noch einmal wie folgt dar:[20]

> Is there any knowledge *à priori*? All our thought begins with experience, the mind furnishes no material for thought whatever. This is acknowledged by all the philosophers with whom we need concern ourselves at all. The mind only works over the materials furnished by sense; no dream is so strange but that all its elementary parts are reminiscences of appearance, the collocation of these alone

---

[17]Der Begriff „material inference" wird von Peirce synonym mit dem Begriff „scientific inference" gebraucht und bezeichnet „induktive" und im engeren Sinne „hypothetische" Schlüsse im Gegensatz zu „deduktiven" Schlüssen. Vgl. HARVARD LECTURE VII, W1:258ff [MS105: April-Mai 1865], sowie LOWELL LECTURE V, W1:423ff [MS126: Oktober 1866].

[18]Vgl. KRITIK DER REINEN VERNUNFT, B 106.

[19]Vgl. HARVARD LECTURE ON KANT, W1:240f [MS101: März-April 1865].

[20]Vgl Zitat und Analyse der dieser Darstellung vorangehenden Darstellung in Kap. 3.2.2.

are we capable of originating. In one sense, therefore, everything may be said to be inferred from experience; everything that we know, or think or guess or make up may be said to be inferred by some process valid or fallacious from the impressions of sense. But though everything in this loose sense is inferred from experience, yet everything does not require experience to be as it is in order to afford data for the inference. Give me the relations of *any* geometrical intuition you please and you give me the data for proving all the propositions of geometry. In other words, everything is not determined by experience. And this admits of proof. For suppose there may be universal and necessary judgments; as for example the moon must be made of green cheese. But there is no element of necessity in an impression of sense for necessity implies that things would be the same as they are were certain accidental circumstances different from what they are. I may here note that it is very common to misstate this point, as though the necessity here intended were a necessity of thinking. But it is not meant to say that what we feel compelled to think we are absolutely compelled to think, as this would imply; but that if we think a fact *must be* we cannot have observed that it *must be*. The principle is thus reduced to an analytical one. In the same way universality implies that the event would be the same were the things within certain limits different from what they are.

HARVARD LECTURE ON KANT, W1:246f [MS101: März-April 1865]

Peirce hat bei der Ausarbeitung dieser Passage seiner HARVARD LECTURE ON KANT ganz offensichtlich Kants „Einleitung" zur zweiten Auflage der KRITIK DER REINEN VERNUNFT vor Augen gehabt. Stellenweise paraphrasiert er sie wörtlich, so z.B. gleich zu Beginn, wo er offensichtlich Kants fundamentale Voraussetzung referiert, „[d]aß alle unsere Erkenntnis mit der Erfahrung anfange".[21] Peirce interpretiert diese Voraussetzung nun aber explizit derart, daß alle unsere Erkenntnis „aus der Erfahrung erschlossen" (inferred from experience) ist. Vor dem Hintergrund dieser Interpretation des *zeitlichen* Verhältnisses von Erkenntnissen zur Erfahrung bringt Peirce dessen Gegensatz zu dem *nicht-zeitlichen* Verhältnis von Erkenntnissen zur Erfahrung, welches Kant mittels der mißverständlichen, weil zeitlichen Metapher des „Entspringens" aus der „Quelle" der Erfahrung charakterisiert hatte, durch den Gegensatz der Begriffe „aus der Erfahrung erschlossen" (*inferred from* experience) und „durch Erfahrung determiniert" (*determined by* experience) terminologisch klar und unmißverständlich zum Ausdruck. Demnach sind „Erkenntnisse a priori" zwar ebenso wie „Erkenntnisse a posteriori" „aus der Erfahrung erschlossen" (inferred from experience), aber anders als diese „nicht durch Erfahrung determiniert" (not determined by experience). „Aus der Erfahrung erschlossen" (inferred from experience) sind „Erkenntnisse a priori" insofern, als sie „mittels eines stichhaltigen oder aber irreführenden Verfahrens aus den Sinnesdaten erschlossen" sind. „Nicht durch Erfahrung determiniert" (not determined by experience) sind „Erkenntnisse a priori" dagegen offenbar insofern, als „es, um [sie] aus der Erfahrung zu erschließen, nicht erforderlich ist, daß die Erfahrung so ist, wie sie ist". Im Gegensatz zu „Erkenntnissen a posteriori" haben „Erkenntnisse a priori" nämlich dasjenige zum Gegenstand, was auch dann der Fall wäre, „wenn gewisse akzidentelle Umstände anders wären, als sie sind", bzw. „wenn die Dinge innerhalb gewisser

---

[21]Vgl. Zitat und Analyse in Kap. 3.1.1.

Grenzen anders wären, als sie sind". „Akzidentell" sind aber strenggenommen all diejenigen Umstände, die nicht in jeder uns vorstellbaren Welt der Fall sind.

Mithin stellt sich heraus, daß Peirce „Erkenntnisse a priori" als Spezialfälle empirischer Hypothesen, nämlich strenggenommen als empirische Hypothesen darüber versteht, was in jeder uns vorstellbaren Welt der Fall ist. Tatsächlich vergleicht Peirce in einem Brief an seinen Freund Francis E. Abbot, in dem er mit Blick auf seine bevorstehende HARVARD LECTURE ON KANT einige Meinungsverschiedenheiten über Kant diskutiert, „Erkenntnisse a priori" explizit mit den „Hypothesen" (hypotheses) von „Wissenschaftlern" (scientific men) und kommt dementsprechend zu dem Schluß, daß „Kant zufolge allein materielle Inferenz auf der Grundlage von Erfahrung [...] dasjenige [ist], was synthetischen Urteilen a priori Validität geben kann".[22] Demnach wäre zu erwarten, daß Peirce die „sehr enge Beziehung" zwischen der Frage nach dem Grund der Validität „materieller Inferenz" und der Frage nach dem Grund der Validität von „Erkenntnissen a priori" als eine Beziehung zwischen Genus und Spezies versteht. Tatsächlich scheint Peirce eben dieses Verständnis der „sehr engen Beziehung" zwischen diesen beiden Fragen zum Ausdruck bringen zu wollen, wenn er in seiner HARVARD LECTURE ON KANT die zentrale Frage der KRITIK DER REINEN VERNUNFT, d.h. die Frage: „Wie sind synthetische Urteile a priori möglich?",[23] schließlich als Spezialfall der zentralen Frage seiner Vorlesungsreihe ON THE LOGIC OF SCIENCE charakterisiert,[24] die er eingangs als die Frage nach dem Grund der Validität „materieller Inferenz" charakterisiert hatte.

Insofern Peirce aber „Erkenntnisse a priori" als empirische Hypothesen darüber versteht, was in jeder uns vorstellbaren Welt der Fall ist, muß er die Erkenntnis dessen, welche Sachverhalte in jeder uns vorstellbaren Welt der Fall sind, offensichtlich für *fehlbar* halten. Dies aber bedeutet anders gesagt, daß Peirce die Erkenntnis dessen für fehlbar hält, welche Urteile den Kriterien genügen, durch die eine „Erkenntnis a priori" im Gegensatz zu einer „Erkenntnis a posteriori" definiert ist. Tatsächlich setzt Peirce sich offenbar mit dem von Kant suggerierten Anspruch auf Unfehlbarkeit auseinander, wenn er sich in der oben zitierten Passage gegen das „sehr verbreitete Mißverständnis" wendet, demzufolge mit der „Notwendigkeit", durch die Kant seinen Begriff einer „Erkenntnis a priori" definiert, gemeint sei, „daß wir das, was wir uns zu denken gezwun-

---

[22]Vgl. W1:159 [Brief, Peirce an Francis E. Abbot, 5.2.1865]: „Scientific men when they adopt hypotheses excuse themselves by saying that it is only by so doing that the facts can be comprehended (that is brought to a logical unity) and they say they do not believe these hypotheses as facts in themselves but only so far as they do bring the facts to a unity. In the same way Kant admits universals on the ground they are indispensible for bringing to the unity of consciousness, not facts merely, but the very impressions of sense. And he also refuses to accept them any further than this, into speculative philosophy or science, whatever practical *presumption* there may be in their favor and however admissible they may be into the *court* of conscience. According to Kant then material inference from experience is the very thing which alone can give validity to synthetic judgments *à priori.*"

[23]Vgl. KRITIK DER REINEN VERNUNFT, B19.

[24]Vgl. HARVARD LECTURE ON KANT, W1:247f [MS101: März-April 1865]: „Kant says that the question of the *Critic* is How are synthetical judgments from within possible. The question of this whole course of lectures is how are synthetical judgments in general possible."

gen fühlen, absolut gezwungen sind zu denken". Diesem Mißverständnis gegenüber weist Peirce völlig zu Recht darauf hin, daß sich „[d]as Prinzip [der Notwendigkeit] [...] auf ein analytisches [Prinzip] [reduziert]", denn es dient in der Tat lediglich dazu, eine „Erkenntnis a priori" zu *definieren*. Mithin wird deutlich, daß Peirce eine „Erkenntnis a priori" zwar ganz im Sinne Kants als ein Urteil darüber definiert, was in jeder uns vorstellbaren Welt der Fall ist, daß er dabei aber im Gegensatz zu Kant unmißverständlich klarstellt, daß die Erkenntnis dessen, bei welchen Urteilen es sich um „Erkenntnisse a priori" handelt, fehlbar ist.

3.2.
Ontologische Epoché

Die Tatsache, daß es Urteile geben können muß, die den Kriterien der „Notwendigkeit" und „strengen Allgemeinheit" genügen, ergibt sich aus der Tatsache, daß es Sachverhalte geben muß, die in jeder uns vorstellbaren Welt der Fall sind. Diese Tatsache aber impliziert für sich allein genommen noch keine Aussage über den ontologischen Staus der uns vorstelligen Welt. Insbesondere impliziert diese Tatsache weder, daß diejenigen Sachverhalte, die in jeder uns vorstellbaren Welt der Fall sind, *nur 'für uns' und nicht auch 'an sich'* bestehen, noch impliziert sie, daß diese Sachverhalte *nicht nur 'für uns', sondern auch 'an sich'* bestehen. Wir müssen nämlich weder davon ausgehen, daß diejenigen Sachverhalte unserer Welt, die in jeder uns vorstellbaren Welt der Fall sind, nur dann in jeder uns vorstellbaren Welt der Fall sein können, wenn sie nur 'für uns' und nicht auch 'an sich' bestehen, noch müssen wir davon ausgehen, daß diese Sachverhalte nur dann in jeder uns vorstellbaren Welt der Fall sein können, wenn sie nicht nur 'für uns', sondern auch 'an sich' bestehen. In diesem Sinne impliziert die Tatsache, daß es Urteile geben können muß, die den Kriterien der „Notwendigkeit" und „strengen Allgemeinheit" genügen, weder die Position eines *Idealismus* noch die Position eines *Realismus*.

Eine Antwort auf die Frage, welche dieser beiden Positionen die rationalere ist, fällt nun aber nicht schwer, sobald wir uns die folgenden beiden Tatsachen klarmachen. Erstens ist die These, daß diejenigen Sachverhalte unserer Welt, die in jeder uns vorstellbaren Welt der Fall sind, nur 'für uns' und nicht auch 'an sich' bestehen, offensichtlich unsinnig. Die Vorstellung einer Welt, in der diejenigen Sachverhalte unserer Welt, die in jeder uns vorstellbaren Welt der Fall sind, nicht der Fall sind, ist nämlich offensichtlich selbstwidersprüchlich. Zweitens haben wir genausoviel Grund zu der Auffassung, daß zumindest diejenigen Sachverhalte unserer Welt, die in jeder uns vorstellbaren Welt der Fall sind, nicht nur 'für uns', sondern auch 'an sich' bestehen, wie wir Grund zu der Auffassung haben, daß wir innerweltliche Subjekte sind. Wenn wir nämlich Grund zu der Auffassung haben, daß wir innerweltliche Subjekte sind, dann haben wir damit offensichtlich zugleich Grund zu der Auffassung, daß die Welt, deren Komponenten wir sind, nicht nur 'für uns', sondern auch 'an sich' besteht. Angesichts der Tatsache, daß wir zweifellos allen Grund zu der Auffassung haben, innerweltliche Subjekte zu sein, wird somit deutlich, daß wir allen Grund dazu haben, von der Position eines Realismus auszugehen. Es ist daher sicherlich nicht allein ihrer vorgeblichen „Naivität" zuzuschreiben, daß die Position eines Realismus die tiefverwurzelte Überzeugung des „gesunden Menschenverstands" zum Ausdruck bringt.

Im Folgenden werde ich nun zunächst einmal herausarbeiten, daß Kant allem gegenteiligen Anschein zum Trotz nur vermeintlich die Position eines Idealismus, faktisch jedoch die Position eines Realismus vertritt (Kap. 3.2.1). Vor diesem Hintergrund wird dann verständlich werden, daß Peirce sich nicht nur für die einzig rationale Alternative entscheidet, wenn er die Position eines Realismus vertritt, sondern sich mit dieser Entscheidung auch zu Recht auf Kant beruft (Kap. 3.2.2).

3.2.1.
Kants vermeintlicher Idealismus

Zweifellos scheint Kant die Position eines Idealismus zu vertreten, wenn er die Konsequenzen seiner These, daß Raum und Zeit als die beiden „reinen Formen sinnlicher Anschauung" zwar „empirische Realität", jedoch „transzendentale Idealität" besitzen,[25] schließlich wie folgt zusammenfaßt:

> Wir haben also sagen wollen: daß alle unsere Anschauung nichts als die Vorstellung von Erscheinung sei; daß die Dinge, die wir anschauen, nicht das an sich selbst sind, wofür wir sie anschauen, noch ihre Verhältnisse so an sich selbst beschaffen sind, als sie uns erscheinen, und daß, wenn wir unser Subjekt oder auch nur die subjektive Beschaffenheit der Sinne überhaupt aufheben, alle die Beschaffenheit, alle Verhältnisse der Objekte in Raum und Zeit, ja selbst Raum und Zeit verschwinden würden, und als Erscheinungen nicht an sich selbst, sondern nur in uns existieren können. Was es für eine Bewandtnis mit den Gegenständen an sich und abgesondert von all dieser Rezeptivität unserer Sinnlichkeit haben möge, bleibt uns gänzlich unbekannt. Wir kennen nichts, als unsere Art, sie wahrzunehmen, die uns eigentümlich ist, die auch nicht notwendig jedem Wesen, ob zwar jedem Menschen, zukommen muß. Mit dieser haben wir es allein zu tun.
> KRITIK DER REINEN VERNUNFT, B 59 [A 42]

Auch wenn Kant hier nicht, wie es scheinen könnte, behauptet, daß nichts von dem, was 'für uns' ist, auch 'an sich' so ist, wie es 'für uns' ist, so scheint er doch zumindest insofern die Position eines Idealismus zu vertreten, als er die These vertritt, daß uns das, was 'an sich' ist, „gänzlich unbekannt" bleibt. Diese letztere These ist jedoch nicht weniger problematisch als die erstere. Die Vorstellung einer Welt, von der uns nicht einmal diejenigen Sachverhalte bekannt sind, die uns von jeder uns vorstellbaren Welt bekannt sind, ist nämlich ebenso selbstwidersprüchlich wie die Vorstellung einer Welt, in der nicht einmal diejenigen Sachverhalte der Fall sind, die in jeder uns vorstellbaren Welt der Fall sind.

Kant vertritt die These, daß uns das, was 'an sich' ist, „gänzlich unbekannt" bleibt, vor dem Hintergrund der Unterscheidung zwischen der zwischen der „Materie" und der „Form" der „Erscheinung", die er zu Beginn der „Transzendentalen Ästhetik" ein-

---

[25]Vgl. KRITIK DER REINEN VERNUNFT, B 44 [A 28] bzw. B 52 [A 35f].

führt, um die von aller „Materie" „abgesonderte", „reine Form" der „Erscheinung" als Gegenstand von „Erkenntnissen a priori" zu bestimmen.[26] Unnötigerweise geht Kant dabei von der ontologischen Voraussetzung aus, daß uns ein Gegenstand „nur dadurch" „gegeben" sein kann, „daß er das Gemüt auf gewisse Weise affiziere". Auf der Grundlage dieser Voraussetzung versteht Kant unter „Erscheinung" nicht etwa nur etwas, was uns „gegeben" ist, sondern ein Produkt der „Fähigkeit (Rezeptivität), Vorstellungen durch die Art, wie wir von Gegenständen affiziert werden, zu bekommen". Dementsprechend versteht Kant unter der „Materie" und der „Form" der „Erscheinung" nicht nur zwei komplementäre Komponenten dessen, was uns „gegeben" ist, sondern er faßt diese Komponenten zugleich als Komponenten verschiedener Ursache auf: so wie er unter der „Materie" der „Erscheinung" dasjenige versteht, „was der [Wirkung eines Gegenstands auf die Vorstellungsfähigkeit, so fern wir von demselben affiziert werden,] korrespondiert", so versteht er unter der „Form" der „Erscheinung" dasjenige, was der Wirkung einer gleichnamigen Ursache korrespondiert, welche „im Gemüte a priori bereit liegen [muß]".[27] Anstatt also die Unterscheidung zwischen der „Materie" und der „Form" der „Erscheinung" als eine rein phänomenologische Unterscheidung zu konzipieren, legt Kant ihr auf diese Weise ein *epistemologisches Modell* zugrunde, demzufolge die „Form" der „Erscheinung" durch die subjektive Beschaffenheit unseres Erkenntnisvermögens in ähnlicher Weise prädeterminiert ist, wie durch eine gefärbte Brille die Färbung der durch sie hindurch betrachteten Welt prädeterminiert ist. Dieses epistemologische Modell, das bemerkenswerterweise mit der Erwägung, mittels derer Kant in der Einleitung zur zweiten Auflage der KRITIK DER REINEN VERNUNFT die Unterscheidung zwischen „Erkenntnissen a priori" und „Erkenntnissen a posteriori" motiviert,[28] im wesentlichen identisch zu sein scheint, rechtfertigt jedoch keineswegs die These, daß uns das, was 'an sich' ist, „gänzlich unbekannt" bleibt. Es impliziert nämlich offensichtlich, daß wir sinnlich affizierbare und mithin innerweltliche Subjekte sind, und setzt daher bereits voraus, daß zumindest diejenigen „Formen" der „Erscheinung", die in jeder uns vorstellbaren Welt anzutreffen sind, auch in derjenigen Welt anzutreffen sind, deren Komponenten wir sind, und somit nicht nur 'für uns', sondern auch 'an sich' bestehen. Wenn Kant daher auf der Grundlage dieses epistemologischen Modells die These vertritt, daß uns das, was 'an sich' ist, „gänzlich unbekannt" bleibt, so unterliegt er einem verhängnisvollen Fehlschluß, durch den er bedauerlicherweise seine Idee einer „Transzendental-Philosophie" in Mißkredit gebracht hat.

Sowohl der These, daß uns das, was 'an sich' ist, „gänzlich unbekannt" bleibt, als auch dem epistemologischen Modell, vor dessen Hintergrund er diese These vertritt, entzieht Kant aber schon in der ersten Auflage der KRITIK DER REINEN VERNUNFT spätestens dann die Grundlage, wenn er gegen Ende der „Transzendentalen Analytik" seine Unterscheidung zwischen den nunmehr „Phaenomena" genannten „Gegenständen, als Erscheinungen," und den nunmehr „Noumena" genannten „Gegenständen an sich" wieder aufgreift und nachträglich klarstellt, der Begriff des „Noumenon" sei

---

[26]Vgl. KRITIK DER REINEN VERNUNFT, B 33ff [A 19ff].

[27]Vgl. dazu auch Kants „Transzendentale Erörterung" der Begriffe „Raum" und „Zeit", KRITIK DER REINEN VERNUNFT, B 41ff [A 26ff] bzw. B 48ff [A 32ff].

[28]Vgl. Zitat und Analyse in Kap. 3.1.1.

„bloß ein *Grenzbegriff*, um die Anmaßung der Sinnlichkeit einzuschränken, und also nur von negativem Gebrauche, [...] ohne doch etwas Positives außer dem Umfange derselben setzen zu können".[29] Wenn nämlich mit der Rede von „Gegenständen an sich" gar nichts „Positives außer dem Umfange [der Sinnlichkeit]" gesetzt ist, dann kann das, was 'für uns' ist, offensichtlich nicht länger als Produkt der Wirkung derselben auf unsere Sinne verstanden werden und man kann sich nicht länger darüber hinwegtäuschen, daß wir uns das, was 'an sich' ist, nicht anders als dadurch denken können, daß wir sukzessiv von dem abstrahieren, was uns nur 'für uns' zu sein scheint.[30] Von dem, was 'an sich' ist, müssen wir dementsprechend zumindest dasjenige als bekannt voraussetzen, was in jeder uns vorstellbaren Welt der Fall ist.

Mit der nachträglichen Klarstellung seiner Rede von „Gegenständen an sich" realisiert Kant zumindest ansatzweise so etwas wie eine 'phänomenologische Reduktion' dieses Begriffs, denn er interpretiert diesen Begriff unabhängig von den ontologischen Voraussetzungen, die er damit zunächst verbunden hatte. Anstatt nun eine solche 'phänomenologische Reduktion' auch für die Begriffe „Materie" und „Form" der „Erscheinung" zu realisieren und somit den Mißverständnissen, zu denen sein ambivalenter Begriff eines „Gegenstands an sich" Anlaß gibt, die Grundlage zu entziehen, reicht Kant als Reaktion auf diese Mißverständnisse in der zweiten Auflage der KRITIK DER REINEN VERNUNFT eine „Widerlegung des Idealismus" nach,[31] welche in dem Beweis des „Lehrsatzes" besteht, daß „[d]as bloße, aber empirisch bestimmte, Bewußtsein meines eigenen Daseins [...] das Dasein der Gegenstände im Raum außer mir [beweiset]".[32] Insofern er aber „das Dasein der Gegenstände im Raum außer mir" für bewiesen erachtet, versteht Kant sich selbst offenbar als Komponente einer durch die Dimensionen des „Raumes" charakterisierten Welt, die nicht nur in seiner „Vorstellung", sondern auch 'an sich' besteht. Kants „Widerlegung des Idealismus" kommt daher faktisch der Anerkennung der Position eines Realismus gleich.

Bemerkenswerterweise ist das Argument, das Kants „Widerlegung des Idealismus" zugrundeliegt, im wesentlichen analog zu dem zweiten der beiden eingangs von mir genannten Argumente gegen die Position eines Idealismus. Denn so wie das von mir genannte Argument darauf hinausläuft, zu begründen, daß wir genausoviel Grund zu der Auffassung haben, daß diejenigen Sachverhalte unserer Welt, die in jeder uns vorstellbaren Welt der Fall sind, nicht nur 'für uns', sondern auch 'an sich' bestehen, wie wir Grund zu der Auffassung haben, daß wir innerweltliche Subjekte sind, so läuft das Argument, das Kants „Widerlegung des Idealismus" zugrundeliegt, darauf hinaus, zu begründen, daß „ich [...] mir eben so sicher bewußt [bin], daß es Dinge außer mir gebe,

---

[29]Vgl. KRITIK DER REINEN VERNUNFT, B 310f [A 255].

[30]Vgl. hierzu Kants Präzisierung seines Begriffs eines „Noumenon" in der zweiten Auflage der KRITIK DER REINEN VERNUNFT, B 307ff. Nachdem er zwischen einem „Noumenon im *negativen* Verstande" und einem „Noumenon in *positiver* Bedeutung" unterschieden und daraufhin klargestellt hat, daß er unter einem „Noumenon" ein „Noumenon im *negativen* Verstande" versteht, definiert Kant dort nämlich ein „Noumenon im *negativen* Verstande" als „ein Ding [...], *so fern es nicht Objekt unserer sinnlichen Anschauung ist*, indem wir von unserer Anschauungsart desselben abstrahieren."

[31]Vgl. KRITIK DER REINEN VERNUNFT, B 274ff sowie B XXXIXff.

[32]Vgl. KRITIK DER REINEN VERNUNFT, B 275.

die sich auf meinen Sinn beziehen, als ich mir bewußt bin, daß ich selbst in der Zeit bestimmt existiere.“[33] In beiden Fällen ist es die Determination des eigenen Daseins, was den Schluß auf etwas „außer mir“ bzw. ʻan sichʼ Seiendes erlaubt.

3.2.2.
Peirces Realismus

Aufschluß darüber, in welcher Beziehung Peirces Interpretation von Kants Unterscheidung zwischen „Erkenntnissen a priori“ und „Erkenntnissen a posteriori“ zu seiner ontologischen Position steht, erhalten wir wiederum ausgehend von seiner HARVARD LECTURE ON KANT. Nachdem er dort die Begriffsgeschichte der Unterscheidung zwischen „a priori“ und „a posteriori“ skizziert hat, stellt Peirce Kants Konzeption dieser Unterscheidung zunächst einmal wie folgt dar:[34]

> [T]he results of experience are inferred *à posteriori*, for this reason that they are determined from without the mind by something not previously present to it; being so determined their determinants or //causes/reasons// are not present to the mind and of course could not be reasoned from. Hence a thought determined from without by something not in consciousness even implicitly is inferred *à posteriori*. Kant, accordingly, uses the term *à posteriori* as meaning what is determined from without. The term *à priori* he uses to mean determined from within or involved implicitly in the whole of what is present to consciousness (or in a conception which is the logical condition of what is in the consciousness).
> HARVARD LECTURE ON KANT, W1:246 [MS101: March-April 1865]

Peirce interpretiert Kants Unterscheidung zwischen „a priori“ und „a posteriori“ als die Unterscheidung zwischen „von innen determiniert“ (determined from within) und „von außen determiniert“ (determined from without), versteht diese Begriffe aber in einem äußerst eigentümlichen Sinne. Denn so wie „von innen determiniert“ für Peirce ausdrücklich nichts anderes bedeutet als „implizit enthalten im Gesamt dessen, was dem Bewußtsein präsent ist“, so bedeutet „von außen determiniert“ für ihn offenbar nichts anderes als „determiniert durch etwas, was dem Bewußtsein zuvor nicht präsent war,“ bzw. „determiniert durch etwas, was nicht einmal implizit im Bewußtsein [präsent] ist“. Der Gegensatz der Begriffe „innen“ und „außen“ ist also gar nicht räumlich, sondern über die Begriffe „Präsenz“ bzw. „Nicht-Präsenz“ in Bezug auf das Bewußtsein, also letzten Endes zeitlich definiert. Dementsprechend stellt Peirce kurz darauf klar, daß mit der „Determination“, von der hier die Rede ist, nicht etwa „reale Determination“, d.h. „Kausalität“, sondern „logische Determination“ gemeint ist.[35]

Indem Peirce den Unterscheidung zwischen „a priori“ und „a posteriori“ zwar als die Unterscheidung zwischen „von innen determiniert“ (determined from within) und

[33]Vgl. KRITIK DER REINEN VERNUNFT, B XLI.
[34]Die folgende Passage geht der in Kap. 3.1.2. zitierten Passage unmittelbar voran.
[35]Vgl. HARVARD LECTURE ON KANT, W1:247 [MS101: March-April 1865]: „Does not this very conception of determination imply causality and thus beg the whole question of causality at the outset? Not at all. The determination here meant is not real determination but logical determination.“

„von außen determiniert" (determined from without) charakterisiert, diese Begriffe aber in dem eben dargestellten Sinne versteht, ist er offensichtlich darum bemüht, das epistemologische Modell, mittels dessen Kant die Unterscheidung zwischen „Erkenntnissen a priori" und „Erkenntnissen a posteriori" motiviert und das er dieser Unterscheidung schließlich auch zugrundezulegen scheint,[36] in diesen Begriffen zwar anklingen zu lassen, diese Begriffe aber zugleich unabhängig von den ontologischen Voraussetzungen dieses Modells zu konzipieren. Er realisiert daher offensichtlich die von Kant zwar intendierte, aber nur mißverständlich realisierte 'ontologische Epoché'. Dies zeigt sich im übrigen auch an derjenigen Passage seiner HARVARD LECTURE ON KANT, in der er Kants Konzeption der Unterscheidung zwischen der „Materie" und der „Form" der „Erscheinung" darstellt:

> *Matter* is that which makes things exist. *Form* is that which makes them *as* they are. But in a transcendental inquiry all conception of cause must be eliminated. Accordingly Kant in his first essay on this subject, which was published 12 years before the CRITIC, uses matter and form for the effect of the material and formal causes. That which the world is (abstracted from how it is) is its elementary parts. How the world is (abstracted from its existence) is the coördination of those parts or their relation to each other as parts; potential or actual. Thus hardness is a potential relation of one part to those adjacent. But in the CRITIC he again modified the meaning of the terms. Instead of making the parts and coördination merely subjective he regards them as belonging to the immediate object of perception antecedent to thought, which he calls the appearance. This approximates to the original meaning again. For as originally *matter* and *form* were the real determinants or causes of the *that* and *how*, so with Kant they become the logical determinants or reasons of the *that* and *how*.
>
> HARVARD LECTURE ON KANT, W 1:250 [MS 101: März - April 1865]

Peirce unterscheidet hier drei verschiedene Konzeptionen der Unterscheidung zwischen „Materie" (matter) und „Form" (form): der „ursprünglichen" (original) Konzeption zufolge seien „Materie" und „Form" als *„Ursachen" (causes)* zu verstehen, nämlich „Materie" als die Ursache dafür, *daß* es Gegenstände gibt, und „Form" als die Ursache dafür, daß diese Gegenstände so sind, *wie* sie sind;[37] der von Kant „12 Jahre vor der KRITIK veröffentlichten" Konzeption zufolge seien „Materie" und „Form" als *„Wirkungen" (effects)* dieser Ursachen zu verstehen, nämlich gleichsam als die *Daßheit* (quodditas) und *Washeit* (quidditas) von Gegenständen;[38] der von Kant „in der KRITIK" formulierten Konzeption zufolge seien „Materie" und „Form" weder als Ursachen noch als Wirkungen, sondern als *„Gründe" (reasons)*, nämlich als „Gründe für das *Daß* und das *Wie*" von Gegenständen zu verstehen. Nun haben wir aber gesehen, daß die in der KRITIK DER REINEN VERNUNFT formulierte Konzeption der Unterscheidung zwi-

---

[36]Vgl. Kap. 3.1.1 bzw. Kap. 3.2.1.

[37]Peirce versteht unter der „ursprünglichen" (original) Konzeption offensichtlich die auf Aristoteles zurückgehende Konzeption der scholastischen Tradition.

[38]Peirce meint mit der von Kant „12 Jahre vor der KRITIK veröffentlichten" Konzeption offensichtlich die in der Schrift DE MUNDI SENSIBILIS ATQUE INTELLIGIBILIS FORMA ET PRINCIPIIS vertretene Konzeption.

schen „Materie" und „Form" der „Erscheinung" keineswegs so eindeutig von den beiden anderen Konzeptionen dieser Unterscheidung abgegrenzt ist, wie Peirce dies hier glaubhaft machen will.[39] Kants dortige Formulierung dieser Konzeption erweckt vielmehr ganz im Gegenteil den Eindruck, er verstehe „Materie" und „Form" als Wirkungen zweier verschiedener Ursachen und bezeichne als „Form" der „Erscheinung" zunächst einmal die Ursache der gleichnamigen Wirkung. Wenn Peirce diese Konzeption daher nichtsdestotrotz so eindeutig von den beiden anderen Konzeptionen abgrenzt, dann kann er sich dazu nur deshalb berechtigt fühlen, weil er sie im Horizont der Intentionen Kants interpretiert. Jedenfalls aber leistet Peirce, indem er „Materie" und „Form" weder als Ursachen noch als Wirkungen, sondern als „Gründe für das *Daß* und das *Wie*" versteht, die 'phänomenologische Reduktion' dieser Konzeption, die Kant weitgehend schuldig geblieben ist, und realisiert mithin unmißverständlich die von Kant zwar intendierte, aber nur mißverständlich realisierte 'ontologische Epoché'.

Nichtsdestotrotz scheint Peirce Kants These, daß uns das, was 'an sich' ist, „gänzlich unbekannt" bleibt, und das epistemologische Modell, das dieser These zugrundeliegt, im Zusammenhang seiner HARVARD LECTURE ON KANT noch nicht vollständig überwunden zu haben. Er vertritt dort nämlich wenig später ganz im Sinne Kants die These, daß „Raum und Zeit", als die beiden „Formen der Anschauung" (forms of intuition), „nicht für Dinge-an-sich gelten, weil sie durch das Bewußtsein eingeführt werden", ohne sich in irgendeiner Weise von dieser Position zu distanzieren:

> [Space and time] do not hold good for things-in-themselves because they are introduced by the mind. But does it follow from that, that Kant's theory is opposed to common sense; by no means, for common sense has nothing to do with things-in-themselves. If you ask Kant are things-in-itself in space and time? he will not reply Yes or No, but will repel the question as nonsensical for since all that we can know or think are objects relatively to thought - phenomena, therefore, not things-in-themselves - he holds that not only nothing can be said of the latter but that nothing can even be asked of them consistently.
> HARVARD LECTURE ON KANT, W1:251 [MS 101: März-April 1865]

Zwar ist sich Peirce durchaus des Widerspruchs bewußt, der zwischen „Kants Theorie" (Kant's theory) und dem „gesunden Menschenverstand" (common sense) besteht, aber er versucht diesen Widerspruch mit dem Hinweis zu entschärfen, daß „der gesunde Menschenverstand [...] nichts mit Dingen-an-sich zu tun [hat]". Offenbar um diesen Hinweis zu erläutern, weist Peirce darauf hin, daß „alles, was wir kennen oder denken können, [...] Phänomene" sind, während Kant zufolge über „Dinge-an-sich" (things-in-themselves) „nicht nur nichts sinnvoll ausgesagt, sondern nicht einmal etwas sinnvoll gefragt werden kann". Peirce verwendet den Hinweis auf die Unsinnigkeit jeder Rede über „Dinge-an-sich" also offensichtlich als Argument für die Kompatibilität zwischen „Kants Theorie" und dem „gesunden Menschenverstand", anstatt ihn als Argument gegen „Kants Theorie" zu verwenden.

Obgleich Peirce schon im Umfeld seiner HARVARD LECTURES OF 1865 durchaus erkennt, daß „eine Kantsche Form weniger eine Sache des Bewußtseins [ist], als ge-

---

[39]Vgl. Kap. 3.2.1..

meinhin angenommen wird oder als [Kant] selbst zugegeben hätte",[40] und im Gegensatz zu Kant keinen Zweifel daran läßt, daß „Formen" (forms) auch „unabhängig vom Bewußtsein" (independent of the mind) bestehen,[41] überwindet er Kants These, daß uns das, was 'an sich' ist, „gänzlich unbekannt" bleibt, letztendlich erst drei Jahre später im Zusammenhang seines Aufsatzes QUESTIONS CONCERNING CERTAIN FACULTIES CLAIMED FOR MAN. Bezeichnenderweise realisiert Peirce diese Überwindung nicht dadurch, daß er den Fehlschluß entlarvt, der Kant zu dieser These verleitet, sondern dadurch, daß er die in diesem Aufsatz gestellte Frage verneint, ob die Rede von „etwas absolut Unerkennbarem" (something absolutely incognizable) „irgendeinen Sinn haben kann" (can have any meaning):[42]

> QUESTION 6. *Whether a sign can have any meaning, if by its definition it is the sign of something absolutely incognizable.*
> It would seem that it can, [...]
> On the other hand, all our conceptions are obtained by abstractions and combinations of cognitions first occurring in judgments of experience. Accordingly, there can be no conception of the absolutely incognizable, since nothing of that sort occurs in experience. But the meaning of a term is the conception which it conveys. Hence, a term can have no such meaning.
> If it be said that the incognizable is a concept compounded of the concept *not* and *cognizable*, it may be replied that *not* is a mere syncategorematic term and not a concept by itself.
> If I think „white," I will not go so far as Berkeley and say that I think of a person seeing, but I will say that what I think is of the nature of a cognition, and so of anything else which can be experienced. Consequently, the highest concept which can be reached by abstractions from judgments of experience - and therefore, the highest concept which can be reached at all - is the concept of something of the nature of a cognition. *Not,* then, or *what is other than,* if a concept, is a concept of the cognizable. Hence, not-cognizable, if a concept, is a concept of the form „A, not-A," and is, at least, self-contradictory. Thus, ignorance and error can only be conceived as correlative to a real knowledge and truth, which latter are of the nature of cognitions. Over against any cognition, there is an unknown but knowable reality; but over against all possible cognition, there is only the self-contradictory. In short, *cognizability* (in its widest sense) and *being* are not merely metaphysically the same, but are synonymous terms.
> QUESTIONS CONCERNING CERTAIN FACULTIES CLAIMED FOR MAN, W2:208
> [P26: Journal of Speculative Philosophy 2 (1868)]

Peirces Argument gegen die These, daß die Rede von „etwas absolut Unerkennbarem" (something absolutely incognizable) „irgendeinen Sinn haben kann" (can have any

---

[40]Vgl. AN UNPSYCHOLOGICAL VIEW OF LOGIC, W1:306 [MS109: Mai-Herbst 1865]: „a Kantian form is less an affair of the mind than is commonly supposed or than he himself would have admitted".

[41]Vgl. HARVARD LECTURE VIII, W1:256 [MS105: April-Mai 1865], bzw. Zitat und Analyse in Kap. 6.3.

[42]Vgl. darüberhinaus die analoge Argumentation in den diesen Aufsatz vorbereitenden Manuskripten W2:174f [MS148: Winter-Frühling 1868] und W2:190f [MS149: Sommer 1868].

meaning), geht von der Voraussetzung aus, daß „der Sinn eines Terminus [...] der Begriff [ist], den er vermittelt" (the meaning of a term is the conception which it conveys). Auf der Grundlage dieser Voraussetzung besteht Peirces Argument im wesentlichen aus zwei Teilen: im ersten Teil begründet Peirce die These, daß „es [...] keinen Begriff des absolut Unerkennbaren geben [kann]" (there can be no conception of the absolutely incognizable); im zweiten Teil begründet er dagegen die These, daß ein solcher „Begriff" (concept), wenn es ihn denn gäbe, „selbstwidersprüchlich" (self-contradictory) wäre. Bei beiden Begründungen geht Peirce dabei von den beiden Prämissen aus, daß „alle unsere Begriffe" (all our conceptions) in der einen oder anderen Weise auf der Grundlage von „Erfahrungsurteilen" (judgments of experience) gewonnen werden und daß „nichts von der Art [eines absolut Unerkennbaren] in der Erfahrung vorkommt" (nothing of that sort occurs in experience). Während er diese beiden Prämissen bei der Begründung der ersten These explizit benennt, bringt er sie bei der Begründung der zweiten These nur implizit zum Ausdruck, indem er den „höchsten Begriff, der durch Abstraktionen auf der Grundlage von Erfahrungsurteilen erreicht werden kann", als den „höchsten Begriff, der überhaupt erreicht werden kann", identifiziert.

Mit seinem Argument gegen die These, daß die Rede von „etwas absolut Unerkennbarem" „irgendeinen Sinn haben kann", knüpft Peirce offensichtlich an Humes Sinnkriterium an. Denn so wie Hume auf der Grundlage der Prämisse, daß all unsere „Gedanken oder Ideen" (Thoughts or Ideas) von „Eindrücken" (Impressions) „herrühren" (are derived from), einen „philosophischen Terminus" (philosophical term) dann als sinnlos betrachtet, wenn sich keine „Eindrücke" finden lassen, auf die sich die durch ihn unterstellte „Idee" zurückführen läßt,[43] so betrachtet Peirce auf der Grundlage der Prämisse, daß „alle unsere Begriffe" auf die eine oder andere Weise auf der Grundlage von „Erfahrungsurteilen" gewonnen werden, die Rede von „etwas absolut Unerkennbarem" deshalb als sinnlos, weil „nichts von der Art [eines absolut Unerkennbaren] in der Erfahrung vorkommt". Unter den Bedingungen dieser Prämisse ist Peirces Argument gegen die These, daß die Rede von „etwas absolut Unerkennbarem" „irgendeinen Sinn haben kann", nun aber offensichtlich im wesentlichen analog zu dem ersten der beiden eingangs von mir genannten Argumente gegen die Position eines Idealismus. Denn so wie das von mir genannte Argument darin bestand, daß die Vorstellung einer Welt, in der diejenigen Sachverhalte, die in jeder uns vorstellbaren Welt der Fall sind, nicht der Fall sind, unmöglich bzw. selbstwidersprüchlich ist, so besteht Peirces Argument darin, daß der Begriff eines „absolut Unerkennbaren" unmöglich bzw. selbstwidersprüchlich ist.

Veranlaßt durch die in dem Aufsatz QUESTIONS CONCERNING CERTAIN FACULTIES CLAIMED FOR MAN begründete These, daß die Rede von „etwas absolut Unerkennbarem" (something absolutely incognizable) „keinen Sinn hat" (has no meaning), entwickelt Peirce in dem an diesen Aufsatz anknüpfenden Aufsatz SOME CONSEQUENCES OF FOUR INCAPACITIES erstmals seinen eigentümlichen Begriff der „Realität" (reality).[44] Wenn nämlich die Rede von „etwas absolut Unerkennbarem" „kei-

---

[43]Vgl. AN ENQUIRY CONCERNING HUMAN UNDERSTANDING, Section II.

[44]Vgl. SOME CONSEQUENCES OF FOUR INCAPACITIES, W2:238f [P27: Journal of Speculative Philosophy 2 (1868)]. Vgl. darüberhinaus Peirces spätere, analoge Darstellungen dieses Begriffs in der

44

nen Sinn hat", dann kann mit dem Begriff des „Realen" (the real) nur etwas gemeint sein, was in irgendeiner Weise erkennbar ist. Was genau damit letztlich allein gemeint sein kann, ermittelt Peirce bezeichnenderweise dadurch, daß er den *phänomenologischen Ursprung* dieses Begriffs in den Blick nimmt:

> At any moment we are in possession of certain information, that is, of cognitions which have been logically derived by induction and hypothesis from previous cognitions [...]. [These cognitions] are of two kinds, the true or the untrue, or cognitions whose objects are *real* and those whose object are *unreal*. And what do we mean by the real? It is a conception which we must first have had when we discovered that there was an unreal, an illusion; that is, when we first corrected ourselves. Now the distinction for which alone this fact logically called, was between an *ens* relative to private inward determinations, to the negations belonging to idiosyncrasy, and an *ens* such as would stand in the long run. The real, then, is that which, sooner or later, information and reasoning would finally result in, and which is therefore independent of the vagaries of me and you. Thus, the very origin of the conception of reality shows that this conception essentially involves the notion of a COMMUNITY, without definite limits, and capable of an indefinite increase of knowledge. And so those two series of cognitions - the real and the unreal - consist of those which, at a time sufficiently future, the community will always continue to reaffirm; and of those which, under the same conditions, will ever after be denied. Now, a propositions whose falsity can never be discovered, and the error of which therefore is absolutely incognizable, contains, upon our principle, absolutely no error. Consequently, that which is thought in these cognitions is the real, as it really is. There is nothing, then, to prevent our knowing outward things as they really are, and it is most likely that we do thus know them in numberless cases, although we can never be absolutely certain of doing so in any special case.
>
> SOME CONSEQUENCES OF FOUR INCAPACITIES, W2:238f
> [P27: Journal of Speculative Philosophy 2 (1868)]

Peirce konzipiert den Begriff des „Realen" (the real) ausgehend von derjenigen Erfahrung, die zu der Unterscheidung zwischen Realem und Irrealem Anlaß gibt. Dies ist offensichtlich die Erfahrung von 'Ent-Täuschung', d.h. die Entdeckung einer „Illusion" (illusion) bzw. eines „Irrtums" (error). Dementsprechend bezeichnet Peirces Begriff des „Realen" den Gegenstand einer Erkenntnis, die niemals korrigiert werden müßte und daher diejenige Erkenntnis wäre, in die der Erkenntnisprozeß „schließlich resultieren würde" (would finally result in). Der so gewonnene Begriff des „Realen" involviert nun aber offensichtlich nur insofern „die Idee einer GEMEINSCHAFT, die keine definiten Grenzen hat und eines indefiniten Wissenszuwachses fähig ist" (the notion of a COMMUNITY, without definite limits, and capable of an indefinite increase of knowledge), als wir uns als innerweltliche Subjekte identifizieren und uns die Aufhebung unserer innerweltlichen Beschränktheit nur durch unsere Kommunikation mit einem unbeschränkten Subjekt verwirklicht denken können. „Wesentlich" (essentially) involviert

---

Rezension *FRASER'S* THE WORKS OF GEORGE BERKELEY, W2:462ff [P60: North American Review 113 (Oktober 1871)], sowie in dem fragmentarischen Manuskript [TOWARD A LOGIC BOOK,1872-73], W3:28ff [MS194-205: Herbst 1872].

der Begriff des „Realen" die Idee einer solchen „Gemeinschaft" daher nur insofern, als für Peirce dasjenige, was uns dazu veranlaßt, uns als innerweltliche Subjekte zu identifizieren, ebenfalls die Erfahrung von „Irrtum" (error) ist.[45] Jedenfalls darf sich die „Gemeinschaft" (community), von der hier die Rede ist, keineswegs nur auf die Menschheit beschränken, sondern sie muß strenggenommen alle möglichen Arten von Wesen umfassen, die in irgendeiner Weise Subjekt von Erfahrung sein können.[46] Offensichtlich dürfen jedoch weder eine solche „Gemeinschaft" noch der eschatologische Prozeß, an dessen Ende die Erkenntnis der Realität stehen würde, als historische Tatsachen vorausgesetzt werden. Es handelt sich dabei vielmehr lediglich um *Ideale*, die wir uns realisiert denken müssen, um dem Begriff des „Realen" einen Sinn zu verleihen. Sie können daher als Derivate von Kants „transzendentalem Ideal" verstanden werden, welches bekanntlich in nichts anderem als der Idee eines „ens realissimum" besteht und „das einzige eigentliche Ideal [ist], dessen die menschliche Vernunft fähig ist".[47]

Insofern Peirce den Begriff des „Realen" (the real) ausgehend von derjenigen Erfahrung konzipiert, die zu der Unterscheidung zwischen Realem und Irrealem Anlaß gibt, konzipiert er diesen Begriff offensichtlich ausgehend von seinem phänomenologischen Ursprung. Damit aber realisiert er die von Kant zwar intendierte, aber nur mißverständlich realisierte 'ontologische Epoché'. Diese 'ontologische Epoché' gibt Peirce jedoch nicht erst dann zugunsten der Position eines Realismus auf, wenn er schließlich feststellt, daß es „in zahllosen Fällen" (in numberless cases) „höchstwahrscheinlich" (most likely) sei, daß wir die „Dinge der Außenwelt" (outward things) so kennen, „wie

---

[45]Eine ausführliche Darstellung dieses Zusammenhangs gibt Peirce im Rahmen seiner Theorie des Selbstbewußtseins, die er in seinem vorangegangenen Aufsatz formuliert hatte und hier offenbar implizit voraussetzt. Vgl. QUESTIONS CONCERNING CERTAIN FACULTIES CLAIMED FOR MAN, W2:200ff [P26: Journal of Speculative Philosophy 2 (1868)].

[46]Vgl. dazu FRASER'S THE WORKS OF GEORGE BERKELEY, W2:470 [P60: North American Review 113 (Oktober 1871)]: „And the catholic consent which constitutes the truth is by no means to be limited to men in this earthly life or to the human race, but extends to the whole communion of minds to which we belong, including some probably whose senses are very different from ours." Vgl. ebenso THE DOCTRINE OF CHANCES, W3:284 [P120: Popular Science Monthly 12 (März 1878)]: „This community, again, must not be limited, but must extend to all races of beings with whom we can come into immediate or mediate intellectual relation. It must reach, however vaguely, beyond this geological epoch, beyond all bounds."

[47]Vgl. KRITIK DER REINEN VERNUNFT, B 599ff [A 571ff]. Nicht zufällig findet sich ein Analogon zu diesen beiden Idealen in Kants DIE RELIGION INNERHALB DER GRENZEN DER BLOSSEN VERNUNFT: während Peirces Ideal eines eschatologischen Prozesses, an dessen Ende die Erkenntnis der Realität steht, offensichtlich Kants Ideal der „allmählichen Gründung eines Reiches Gottes auf Erden" korrespondiert, korrespondiert Peirces Ideal einer unbegrenzten „Gemeinschaft", die diesen Prozeß trägt, offensichtlich Kants Ideal eines „Volkes Gottes [...] in der Form einer Kirche". Insbesondere vor diesem Hintergrund ist bemerkenswert, daß Peirce explizit auf den „Glauben an eine unfehlbare Kirche" (belief in an infallible Church) anspielt, wenn er zum einen den eschatologischen Prozess, an dessen Ende die Erkenntnis der Realität stehen würde, als eine „allgemeine Drift" charakterisiert, die zu einem „einheitlichen katholischen Konsens" (one catholic consent) führt, und zum anderen die unbegrenzte „Gemeinschaft", die diesen Prozeß trägt, als eine „Kommunion der Geister" (communion of minds) charakterisiert. Vgl. FRASER'S THE WORKS OF GEORGE BERKELEY, W2:469f [P60: North American Review 113 (Oktober 1871)]. Vgl. dazu auch Kap. 7.2.

sie wirklich sind" (as they really are). Vielmehr gibt er diese 'ontologische Epoché' bereits in dem Moment zugunsten der Position eines Realismus auf, in dem er den Begriff des „Realen" als einen Begriff versteht, der „wesentlich die Idee einer GEMEINSCHAFT involviert" (essentially involves the notion of a COMMUNITY). Die Idee einer „Gemeinschaft" (community) involviert der phänomenologisch konzipierte Begriff des „Realen" nämlich nur insofern, als wir uns als innerweltliche Subjekte identifizieren und uns die Aufhebung unserer innerweltlichen Beschränktheit nur durch unsere Kommunikation mit einem unbeschränkten Subjekt verwirklicht denken können. In dem Moment aber, in dem wir uns als innerweltliche Subjekte identifizieren, erkennen wir implizit an, daß zumindest diejenigen Sachverhalte unserer Welt, die in jeder uns vorstellbaren Welt der Fall sind, nicht nur 'für uns', sondern auch 'an sich' bestehen.

4.
Peirces 'Dekonstruktion' von Kants Unterscheidung zwischen Prinzipien a priori der „Sinnlichkeit" und des „Verstandes"

Auf der Grundlage der Unterscheidung zwischen „Erkenntnissen a priori" und „Erkenntnissen a posteriori" bedarf es zur Realisierung des Ziels, das Kant mit seiner Idee einer „Transzendental-Philosophie" verbindet, als nächstes eines Instruments, das es auf die eine oder andere Weise erlaubt, das System aller Prinzipien der „Erkenntnis a priori" zur Entfaltung zu bringen. Diese Funktion erfüllt Kants Unterscheidung zwischen *Prinzipien a priori der „Sinnlichkeit"* und *Prinzipien a priori des „Verstandes"*. Diese Unterscheidung, welcher die Einteilung der „Transzendentalen Elementarlehre" in „Transzendentale Ästhetik" und „Transzendentale Logik" korrespondiert, ermöglicht nämlich mehr oder weniger mittelbar die Einführung jedes der in der „Architektonik der reinen Vernunft" genannten Architekturprinzipien der „Transzendental-Philosophie".[1] Nicht zufällig ist dies am unmittelbarsten bei Kants Unterteilung der „Metaphysik der Natur" in „rationale Physiologie" und „Ontologie" der Fall. Im Lichte der „Architektonik der reinen Vernunft" erweist sich die Unterscheidung zwischen Prinzipien a priori der „Sinnlichkeit" und Prinzipien a priori des „Verstandes" nämlich als eine Unterscheidung zweier komplementärer Klassen von Erkenntnissen der „Metaphysik der Natur", welche der Unterteilung derselben in „rationale Physiologie" und „Ontologie" zwar unmittelbar zugrundeliegt, ihr aber nicht vollkommen kongruent ist. Die Unterscheidung zwischen Prinzipien a priori der „Sinnlichkeit" und Prinzipien a priori des „Verstandes" kann daher als ein *propädeutisches Architekturprinzip* der „Transzendental-Philosophie" gelten, welches sich schließlich als Unterscheidung zweier disjunktiver, aber nicht komplementärer Klassen von „Erkenntnissen a priori" erweist.

Wenn Kant anläßlich der Unterscheidung zwischen Prinzipien a priori der „Sinnlichkeit" und Prinzipien a priori des „Verstandes" seiner Intention gerecht werden will, bei der Grundlegung der „Transzendental-Philosophie" keine dogmatischen Voraussetzungen zugrundezulegen, dann muß er sich offensichtlich ebenso wie anläßlich der Unterscheidung zwischen „Erkenntnissen a priori" und „Erkenntnissen a posteriori" darauf beschränken, diese beiden verschiedenen Klassen von Erkenntnissen durch bestimmte Kriterien zu *definieren*, um mittels dieser Kriterien gegebene Erkenntnisse als Prinzipien a priori der „Sinnlichkeit" bzw. als Prinzipien a priori des „Verstandes" zu *klassifizieren*. Die Wahl dieser Kriterien sollte dabei durch den Zweck bestimmt sein, das System aller Prinzipien der „Erkenntnis a priori" zur Entfaltung zu bringen.

Kant konzipiert die Unterscheidung zwischen Prinzipien a priori der „Sinnlichkeit" und Prinzipien a priori des „Verstandes" auf der Grundlage der Unterscheidung zwischen „Sinnlichkeit" und „Verstand". Von der Unterscheidung zwischen „Sinnlichkeit" und „Verstand" ist in der KRITIK DER REINEN VERNUNFT erstmals am Ende der „Einleitung" die Rede, indem Kant daran erinnert, „daß es zwei Stämme der menschli-

---

[1]Vgl. KRITIK DER REINEN VERNUNFT, B 860ff [A 832ff].

chen Erkenntnis gebe, [...], nämlich Sinnlichkeit und Verstand, durch deren ersteren uns Gegenstände *gegeben*, durch den zweiten aber *gedacht* werden".[2] An diese Unterscheidung zweier „Stämme der menschlichen Erkenntnis" knüpft Kant sowohl zu Beginn der „Transzendentalen Ästhetik" als auch zu Beginn der „Transzendentalen Logik" an, indem er seine dortigen Ausführungen auf folgende Weise einleitet:

> Auf welche Art und durch welche Mittel sich auch immer eine Erkenntnis auf Gegenstände beziehen mag, so ist doch diejenige, wodurch sie sich auf dieselbe unmittelbar bezieht, und worauf alles Denken als Mittel abzweckt, die *Anschauung*. Diese findet aber nur statt, so fern uns der Gegenstand gegeben wird; dieses aber ist wiederum, uns Menschen wenigstens, nur dadurch möglich, daß er das Gemüt auf gewisse Weise affiziere. Die Fähigkeit (Rezeptivität), Vorstellungen durch die Art, wie wir von Gegenständen affiziert werden, zu bekommen, heißt *Sinnlichkeit*. Vermittelst der Sinnlichkeit also werden uns Gegenstände gegeben, und sie allein liefert uns *Anschauungen*; durch den Verstand aber werden sie *gedacht*, und von ihm entspringen *Begriffe*. Alles Denken aber muß sich, es sei geradezu (directe), oder im Umschweife (indirecte), vermittelst gewisser Merkmale, zuletzt auf Anschauungen, mithin, bei uns, auf Sinnlichkeit beziehen, weil uns auf andere Weise kein Gegenstand gegeben werden kann.
>
> KRITIK DER REINEN VERNUNFT, Transzendentale Ästhetik, B 33 [A 19]

> Unsere Erkenntnis entspringt aus zwei Grundquellen des Gemüts, deren die erste ist, die Vorstellungen zu empfangen (die Rezeptivität der Eindrücke), die zweite das Vermögen, durch diese Vorstellungen einen Gegenstand zu erkennen (Spontaneität der Begriffe); durch die erstere wird uns ein Gegenstand *gegeben*, durch die zweite wird dieser im Verhältnis auf jene Vorstellung (als bloße Bestimmung des Gemüts) *gedacht*. Anschauung und Begriffe machen also die Elemente aller unserer Erkenntnis aus, so daß weder Begriffe, ohne ihnen auf einige Art korrespondierende Anschauung, noch Anschauung ohne Begriffe, ein Erkenntnis abgeben können. [...]
>
> Wollen wir die *Rezeptivität* unseres Gemüts, Vorstellungen zu empfangen, so fern es auf irgend eine Weise affiziert wird, *Sinnlichkeit* nennen: so ist dagegen das Vermögen, Vorstellungen selbst hervorzubringen, oder die *Spontaneität* des Erkenntnisses, der *Verstand*. Unsere Natur bringt es so mit sich, daß die *Anschauung* niemals anders als *sinnlich* sein kann, d.i. nur die Art enthält, wie wir von Gegenständen affiziert werden. Dagegen ist das Vermögen, den Gegenstand sinnlicher Anschauung zu *denken*, der *Verstand*.
>
> KRITIK DER REINEN VERNUNFT, Transzendentale Logik, B 74f [A 50f]

Aus diesen beiden, für die Konzeption der Unterscheidung zwischen „Sinnlichkeit" und „Verstand" grundlegenden Passagen geht hervor, daß Kant diese Unterscheidung als eine Unterscheidung zwischen zwei verschiedenen „Vermögen", „Vorstellungen" zu verursachen, konzipiert: „Sinnlichkeit" ist das Vermögen, „Vorstellungen zu empfangen", „Verstand" ist dagegen das Vermögen, „Vorstellungen selbst hervorzubringen". Kant konzipiert die Unterscheidung zwischen „Sinnlichkeit" und „Verstand" also offensichtlich im Rekurs auf ein epistemologisches Modell, das er ohne weitere Be-

---

[2]Vgl. KRITIK DER REINEN VERNUNFT, B 29 [A 15].

gründung als ontologische Tatsache voraussetzt. Wenn Kant daher auf der Grundlage der so konzipierten Unterscheidung zwischen „Sinnlichkeit" und „Verstand" zwischen Prinzipien a priori der „Sinnlichkeit" und Prinzipien a priori des „Verstandes" unterscheidet, so verfehlt er damit offensichtlich seine Intention, bei der Grundlegung der „Transzendental-Philosophie" keine dogmatischen Voraussetzungen zugrundezulegen. Insbesondere aber ist dieses epistemologische Modell an dieser Stelle insofern fehl am Platz, als mit ihm Sachverhalte zum Ausgangspunkt der Entfaltung der „Transzendental-Philosophie" gemacht werden, welche offensichtlich keineswegs in jeder uns vorstellbaren Welt der Fall sind und somit überhaupt nicht Gegenstand der „Transzendental-Philosophie" sein sollten, sondern vielmehr selbst im Horizont eines Entwurfs der „Transzendental-Philosophie" zu interpretieren wären. Die Unterscheidung zwischen Prinzipien a priori der „Sinnlichkeit" und Prinzipien a priori des „Verstandes" sollte daher auch dann unabhängig von den ontologischen Voraussetzungen definiert werden, die Kants Konzeption dieser Unterscheidung zugrundeliegen, wenn uns diese Voraussetzungen faktisch gerechtfertigt erscheinen.

Im Folgenden werde ich dementsprechend zunächst einmal herausarbeiten, worauf sich die Unterscheidung zwischen Prinzipien a priori der „Sinnlichkeit" und Prinzipien a priori des „Verstandes" reduziert, wenn sie unabhängig von den ontologischen Voraussetzungen definiert wird, die Kants Konzeption dieser Unterscheidung zugrundeliegen (Kap. 4.1). Vor diesem Hintergrund werde ich dann belegen, daß Peirce eine derartige 'phänomenologische Reduktion' dieser Unterscheidung realisiert (Kap. 4.2). Schließlich werde ich mit Blick auf Peirces 'Dekonstruktion' von Kants „System aller Grundsätze des reinen Verstandes" in einem Exkurs herausarbeiten, worauf sich die Kants Konzeption jener Unterscheidung einhergehende Unterscheidung zwischen „Anschauungen" und „Begriffen" reduziert, wenn sie unabhängig von den ontologischen Voraussetzungen verstanden wird, die Kants Konzeption dieser Unterscheidung zugrundeliegen, um vor diesem Hintergrund wiederum zu belegen, daß Peirce die 'phänomenologische Reduktion' auch dieser Unterscheidung realisiert (Kap. 4.3).

4.1.
'Phänomenologische Reduktion' von Kants Unterscheidung zwischen Prinzipien a priori der „Sinnlichkeit" und des „Verstandes"

Wir haben zu Beginn von Kapitel 3 festgestellt, daß eine „Erkenntnis a priori" ohne Rekurs auf ontologische Voraussetzungen als ein Urteil definiert werden kann, das den Kriterien der „Notwendigkeit" bzw. „strengen Allgemeinheit" genügt. Wenn die Unterscheidung zwischen Prinzipien a priori der „Sinnlichkeit" und des „Verstandes" daher als eine Unterscheidung zwischen zwei Spezies von „Erkenntnissen a priori" unabhängig von den ontologischen Voraussetzungen definiert werden soll, die Kants Konzeption dieser Unterscheidung zugrundeliegen, dann muß diese Unterscheidung auf irgendeine Weise mittels einer *Spezifizierung* der Definition einer „Erkenntnis a priori" definiert werden. Aufschluß darüber, welcher Art diese Spezifizierung sein muß, sollte sich aus Kants Konzeption dieser Unterscheidung sowie aus dem Vergleich zwischen dem ergeben, was Kant als Prinzipien a priori der „Sinnlichkeit" bzw. des „Verstandes" identifiziert.

Kant konzipiert die Unterscheidung zwischen Prinzipien a priori der „Sinnlichkeit" und des „Verstandes" als eine Unterscheidung zwischen Urteilen über verschiedene Gegenstände. Gegenstand von Prinzipien a priori der „Sinnlichkeit" ist die „reine Form der Sinnlichkeit", d.h. das, was übrig bleibt, wenn „wir zuerst die Sinnlichkeit isolieren, dadurch, daß wir alles absondern, was der Verstand durch seine Begriffe dabei denkt", und „[z]weitens [von der verbliebenen empirischen Anschauung] noch alles, was zur Empfindung gehört, abtrennen".[3] Auf diese Weise findet Kant, „daß es zwei reine Formen sinnlicher Anschauung, als Prinzipien der Erkenntnis a priori gebe, nämlich Raum und Zeit".[4] Gegenstand von Prinzipien a priori des „Verstandes" ist dagegen die „reine Form" des „Verstandes", d.h. „die Form des Denkens eines Gegenstandes überhaupt".[5] Kant definiert nämlich die „Transzendentale Logik" als eine „Wissenschaft, welche den Ursprung, den Umfang und die objektive Gültigkeit solcher Erkenntnisse bestimmte," „dadurch wir Gegenstände völlig a priori denken".[6] Dementsprechend handelt es sich bei den in Kants „System der Grundsätze des reinen Verstandes" versammelten Prinzipien a priori des „Verstandes" um Urteile über Gegenstände in Raum und Zeit.[7]

Vor diesem Hintergrund läßt sich nunmehr erkennen, welcher Art die Spezifizierung der Definition einer „Erkenntnis a priori" sein muß, mittels derer die Unterscheidung zwischen Prinzipien a priori der „Sinnlichkeit" und des „Verstandes" definiert werden muß, wenn sie unabhängig von den ontologischen Voraussetzungen definiert werden soll, die Kants Konzeption dieser Unterscheidung zugrundeliegen. Wenn nämlich eine „Erkenntnis a priori" als ein Urteil darüber verstanden werden muß, was in jeder uns vorstellbaren Welt der Fall ist, so scheint ein Prinzip a priori der „Sinnlichkeit" als ein Urteil über die *Dimensionen* jeder uns vorstellbaren Welt verstanden werden zu müssen, während ein Prinzip a priori des „Verstandes" als ein Urteil über die *Gegenstände* jeder uns vorstellbaren Welt verstanden werden zu müssen scheint. Wenn Kant daher behauptet, Raum und Zeit seien Prinzipien a priori der „Sinnlichkeit",[8] so würde er damit behaupten, daß jede uns vorstellbare Welt eine Welt ist, welche die Dimensionen des Raumes und der Zeit besitzt.[9] Wenn Kant dagegen behauptet, die in seinem „System aller Grundsätze des reinen Verstandes" versammelten Grundsätze seinen „Grundsätze des reinen Verstandes" (d.h. Prinzipien a priori des „Verstandes"),[10] so würde er damit behaupten, daß jede uns vorstellbare Welt eine Welt ist, in der Gegen-

---

[3]Vgl. KRITIK DER REINEN VERNUNFT, B 36 [A 22].
[4]Vgl. KRITIK DER REINEN VERNUNFT, B 36ff [A 22ff].
[5]Vgl. KRITIK DER REINEN VERNUNFT, B 74 [A 50].
[6]Vgl. KRITIK DER REINEN VERNUNFT, B 81 [A 57].
[7]Vgl. KRITIK DER REINEN VERNUNFT, B 187ff [A 148ff].
[8]Vgl. KRITIK DER REINEN VERNUNFT, B 36 [A 22].
[9]Man beachte, daß diese Behauptung keineswegs impliziert, daß jede uns vorstellbare Welt eine Welt wäre, in der Raum und Zeit die uns gewohnten Eigenschaften besitzen.
[10]Vgl. KRITIK DER REINEN VERNUNFT, B 197ff [A 159ff].

stände den von diesen Grundsätzen repräsentierten Gesetzmäßigkeiten unterliegen. Wenn Kant also z.B. behauptet, der Satz „Alle Veränderungen geschehen nach dem Gesetze der Verknüpfung der Ursache und Wirkung" sei ein Prinzip a priori des „Verstandes",[11] so würde er damit behaupten, daß jede uns vorstellbare Welt eine Welt ist, in der Veränderungen von Gegenständen nach dem Gesetze der Verknüpfung der Ursache und Wirkung geschehen.

Die Unterscheidung zwischen *Dimensionen* und *Gegenständen* uns vorstellbarer Welten, auf der diese Konzeption der Unterscheidung zwischen Prinzipien a priori der „Sinnlichkeit" und Prinzipien a priori des „Verstandes" basiert, bedarf nun aber offensichtlich einer Erläuterung. Einerseits nämlich muß der Begriff eines Gegenstandes in diesem Zusammenhang so weit gefaßt werden, daß er nicht nur bestimmte Arten von Gegenständen (also z.B. materielle Gegenstände) umfaßt, sondern „Gegenstände überhaupt". Andererseits muß der Begriff einer Dimension unabhängig von den Begriffen desjenigen konzipiert werden, was als Dimension identifiziert wird, also z.B. unabhängig von den Begriffen des Raumes und der Zeit. Mithin stellt sich die Frage, wie die Unterscheidung zwischen Dimensionen und Gegenständen angemessen formuliert werden kann.

Eine mögliche Antwort auf diese Frage scheint darin bestehen zu können, Dimensionen und Gegenstände als zwei verschiedene Spezies von Einheiten aufzufassen, nämlich Gegenstände als *diskrete Einheiten* und Dimensionen als *Kontinua*, innerhalb derer eine unendliche Mannigfaltigkeit diskreter Einheiten unterschieden werden kann. Demnach wären unter Prinzipien a priori des „Verstandes" Urteile über die diskreten Einheiten jeder uns vorstellbaren Welt zu verstehen, während unter Prinzipien a priori der „Sinnlichkeit" Urteile über die Kontinua jeder uns vorstellbaren Welt zu verstehen wären. Wie sich im folgenden herausstellen wird, scheint aber eben dieser Art die Interpretation zu sein, die Peirce Kants Unterscheidung zwischen Prinzipien a priori der „Sinnlichkeit" und des „Verstandes" gibt.

4.2.
Peirces phänomenologische Interpretation von Kants Unterscheidung zwischen Prinzipien a priori der „Sinnlichkeit" und des „Verstandes"

Aufschluß über Peirces Interpretation von Kants Unterscheidung zwischen Prinzipien a priori der „Sinnlichkeit" und des „Verstandes" erhalten wir einmal mehr aus seiner HARVARD LECTURE ON KANT. Peirce erläutert dort nämlich den Grund, aus dem Raum und Zeit als Prinzipien a priori der „Sinnlichkeit" gelten können, auf die folgende Weise:

> With reference to the representations of space and time, we have two data. The
> first is that they are both necessary and universal. [...]

---

[11]Vgl. KRITIK DER REINEN VERNUNFT, B 232.

The second premiss is that there is but *one* space and *one* time. If I say *A* is three and *B* is three, those two threes are different threes not parts of the same three. But if I say *A* is extended and *B* is extended; these two extensions are part of one and the same space. We may express this by saying that *A* and *B* contain their threeness but are contained in space.

These then are two data. From the first it follows that space and time are as representations determined from within. [...]

From the other premiss that there is but one time and one space we may infer that extension and protension differ altogether from class-concepts; such as the understanding produces. Take for instance *horse*; if this has any general totality it is one which is merely rendered possible by the separate cases of horses but it is not the several spaces and several times which render the universal space and time possible, but only the universal space and time which render the limited spaces and times possible.

Now there are but the fundamental faculties of the soul: Sensibility, Understanding, and Feeling. Feeling is not a faculty of knowledge, at all. Understanding produces only class-concepts. Hence space and time are products of Sensibility.

HARVARD LECTURE ON KANT, W1:248f [MS101: March-April 1865]

Die beiden „Daten" (data), aufgrund derer Peirce hier Raum und Zeit als „Produkte der Sinnlichkeit" (products of Sensibility) identifiziert,[12] korrespondieren offensichtlich Kriterien, durch welche die Unterscheidung zwischen Prinzipien a priori der „Sinnlichkeit" und des „Verstandes" unabhängig von den ontologischen Voraussetzungen definiert werden kann, die Kants Konzeption dieser Unterscheidung zugrundeliegen. Das erste „Datum", demzufolge Raum und Zeit „notwendig und universell" (necessary and universal) sind, korrespondiert dabei offensichtlich den Kriterien, durch welche Kant die Unterscheidung zwischen „Erkenntnissen a priori" und „Erkenntnissen a posteriori" definiert. Das zweite „Datum", demzufolge „es nur *einen* Raum und *eine* Zeit gibt" (there is but *one* space and *one* time), korrespondiert dagegen offensichtlich dem gesuchten spezifizierenden Kriterium, durch welches die Unterscheidung zwischen Prinzipien a priori der „Sinnlichkeit" und des „Verstandes" definiert werden kann. Bei der Einheit von Raum und Zeit handelt es sich nun aber offensichtlich nicht um die Einheit eines Individuums, sondern im Gegenteil um die Einheit eines *Kontinuums*, innerhalb dessen eine unendliche Mannigfaltigkeit *diskreter Einheiten* unterschieden werden kann. Mithin wird deutlich, daß Peirce die 'phänomenologische Reduktion' von Kants Unterscheidung zwischen Prinzipien a priori der „Sinnlichkeit" und des „Verstandes" realisiert, indem er diese Unterscheidung auf der Grundlage der durch die Kriterien der „Notwendigkeit" und „strengen Allgemeinheit" definierten Unterscheidung zwischen „Erkenntnissen a priori" und „Erkenntnissen a posteriori" durch die Unterscheidung zweier verschiedener Typen von Einheit definiert.

Peirces 'phänomenologische Reduktion' der Unterscheidung zwischen Prinzipien a priori der „Sinnlichkeit" und des „Verstandes" ist aus mindestens zwei Gründen bemerkenswert. Sie ist dies zum einen deswegen, weil sie die enge Beziehung offensicht-

[12]Vgl. Kap. 3.2.2.

lich werden läßt, die zwischen Mathematik und Ontologie besteht, und dabei zugleich den philosophischen Horizont freilegt, innerhalb dessen diese Beziehung gedacht werden muß. Sie ist dies zum anderen deswegen, weil sie die Tatsache deutlich werden läßt, daß die Einheit der Kontinua von Raum und Zeit gegenüber der individuellen Einheit uns vorstellbarer Gegenstände in Raum und Zeit *ursprünglich* ist, und somit die Frage aufwirft, in welchem Verhältnis die ursprüngliche Einheit dieser Kontinua zu Kants „ursprünglich-synthetischer Einheit der Apperzeption" steht. Die Antwort auf diese Frage werde ich im Zusammenhang meiner Rekonstruktion von Peirces 'Dekonstruktion' von Kants „oberstem Prinzip alles Verstandesgebrauchs" herauszuarbeiten versuchen.[13]

4.3.
Exkurs:
Peirces phänomenologische Interpretation von Kants Unterscheidung zwischen „Anschauungen" und „Begriffen"

Kants Konzeption der Unterscheidung zwischen Prinzipien a priori der „Sinnlichkeit" und des „Verstandes" geht die Unterscheidung zwischen „Anschauungen" und „Begriffen" einher.[14] Ebenso wie jene Unterscheidung konzipiert Kant auch diese Unterscheidung auf der Grundlage der ontologischen Voraussetzungen des von ihm zugrundegelegten epistemologischen Modells. Er konzipiert diese Unterscheidung nämlich als eine Unterscheidung zwischen „Vorstellungen" verschiedener Ursache: während er „Anschauungen" als Ergebnis der Wirkung von Gegenständen an sich auf die „Rezeptivität" der „Sinnlichkeit" versteht, versteht er „Begriffe" als Ergebnis der Wirkung der „Spontaneität" des „Verstandes".

Aufschluß darüber, worauf sich die so konzipierte Unterscheidung zwischen „Anschauungen" und „Begriffen" reduziert, wenn sie unabhängig von den ontologischen Voraussetzungen verstanden wird, die dieser Konzeption dieser Unterscheidung zugrundeliegen, erhalten wir anhand der folgenden Passage aus der „Transzendentalen Logik":

> Da keine Vorstellung unmittelbar auf den Gegenstand geht, als bloß die Anschauung, so wird ein Begriff niemals auf einen Gegenstand unmittelbar, sondern auf irgend eine andere Vorstellung von demselben (sie sei Anschauung oder selbst schon Begriff) bezogen. Das Urteil ist also die mittelbare Erkenntnis eines Gegenstandes, mithin die Vorstellung einer Vorstellung desselben.
>
> KRITIK DER REINEN VERNUNFT, B 93 [A 68]

Anders als zuvor formuliert Kant die Unterscheidung zwischen „Anschauungen" und „Begriffen" hier *nicht substantiell*, im Rekurs auf die ontologische Voraussetzung des von ihm zugrundegelegten epistemologischen Modells, *sondern relational*, nämlich bemerkenswerterweise im Rekurs auf eine *triadische Relation* zwischen zwei „Vorstellun-

---

[13]Vgl. Kap. 6.
[14]Vgl. die Zitate zu Beginn von Kap. 4.

gen" und einem „Gegenstand". Während er nämlich eine „Anschauung" als eine „Vor-stellung" versteht, die „unmittelbar" auf einen „Gegenstand" bezogen, d.h. als *unmittelbare Repräsentation* eines „Gegenstands" interpretiert wird, versteht er einen „Begriff" als eine „Vorstellung", die „mittelbar" auf einen „Gegenstand" bezogen, d.h. als *mittelbare Repräsentation* eines „Gegenstands" interpretiert wird. Wenn es uns daher gelingt, diese triadische Relation zwischen zwei „Vorstellungen" und einem „Gegenstand" unabhän-gig von den ontologischen Voraussetzungen zu interpretieren, die Kants Konzeption der Unterscheidung zwischen „Anschauungen" und „Begriffen" zugrundeliegen, dann hätten wir damit herausgearbeitet, worauf sich diese Unterscheidung reduziert, wenn sie unabhängig von diesen Voraussetzungen verstanden wird.

Um diese triadische Relation zwischen zwei „Vorstellungen" und einem „Gegen-stand" unabhängig von den ontologischen Voraussetzungen zu interpretieren, die Kants Konzeption der Unterscheidung zwischen „Anschauungen" und „Begriffen" zugrundeliegen, genügt es offensichtlich, den Begriff der „Vorstellung" und den Begriff des „Gegenstands" einer „Vorstellung" unabhängig von diesen Voraussetzungen zu in-terpretieren. Was den Begriff der „Vorstellung" betrifft, so darf darunter offensichtlich nichts weiter verstanden werden als ein 'Phaenomenon', d.h. etwas, was *vorstellig bzw. präsent* ist. Was dagegen den Begriff des „Gegenstands" einer „Vorstellung" betrifft, so darf darunter offensichtlich nichts weiter verstanden werden als ein 'Noumenon', d.h. das, was ein 'Phaenomenon' unabhängig von dem ist, als was es erscheint.[15] Mithin reduziert sich die Unterscheidung zwischen „Anschauungen" und „Begriffen" auf die Unterscheidung zwischen 'Phaenomena', die als *unmittelbare* Repräsentationen von 'Noumena' interpretiert werden, und 'Phaenomena', die als *mittelbare* Repräsentationen von 'Noumena' interpretiert werden. Unter einem 'Phaenomenon', das als unmittelbare Repräsentation eines 'Noumenon' interpretiert wird, ist dabei ein 'Phaenomenon' zu verstehen, das als Repräsentation von etwas interpretiert wird, was dieses 'Phaenome-non' unabhängig von dem ist, als was es erscheint; unter einem 'Phaenomenon', das als mittelbare Repräsentation eines 'Noumenon' interpretiert wird, ist dagegen ein 'Phae-nomenon' zu verstehen, das als Repräsentation von etwas interpretiert wird, was ein mögliches anderes 'Phaenomenon' unabhängig von dem ist, als was es erscheint.

Vor dem Hintergrund dieser 'phänomenologischen Reduktion' von Kants Unter-scheidung zwischen „Anschauungen" und „Begriffen" können wir uns nun Peirces In-terpretation von Kants Unterscheidung zwischen „Anschauungen" und „Begriffen" zuwenden. Aufschluß über diese Interpretation erhalten wir bezeichnenderweise im

---

[15]Man beachte, daß sich das hier zugrundegelegte Verständnis der Begriffe 'Phaenomenon' und 'Noumenon' zwar an Kants Konzeption dieser Begriffe anlehnt, davon jedoch leicht abweicht. Diese Abweichung hat ihren Grund in dem Umstand, daß Kant die Unterscheidung zwischen „Phaenomena" und „Noumena" als die Unterscheidung zwischen „Sinnenwesen" und „Verstandeswesen" konzipiert und mithin nicht gänzlich unabhängig von den ontologischen Voraussetzungen formuliert, die seiner Unterscheidung zwischen „Sinnlichkeit" und „Verstand" zugrundeliegen (Vgl. KRITIK DER REINEN VERNUNFT, B 306f). Auch wenn Kant, wie wir in Kap. 3.2.1 gesehen haben, diesen ontologischen Voraussetzungen mit seinen anschließenden Erläuterungen zum Begriff eines „Noumenon" eigentlich die Grundlage entzieht, bleibt seine Konzeption der Begriffe „Phaenomenon" und „Noumenon" doch von diesen Voraussetzungen geprägt.

Zusammenhang seiner erstmals zu Beginn der HARVARD LECTURE I formulierten Absicht, sich „eine gänzlich unpsychologische Ansicht von Logik zu eigen zu machen" (to adopt a thoroughly unpsychological view of logic).[16] Eine derartige, „gänzlich unpsychologische Ansicht von Logik" behauptet Peirce in seiner HARVARD LECTURE VIII dadurch herausgearbeitet zu haben, daß er Logik als „[d]ie Wissenschaft von den allgemeinen Gesetzen [der] Beziehungen [von Symbolen] zu Objekten" ([t]he science of the general laws of [the] relation [of symbols] to objects) definiert.[17] Zu dem für diese Definition zentralen Begriff des „Symbols" (symbol) kommt er dabei auf folgende Weise:

> The first distinction we found it necessary to draw - the first set of conceptions we have to signalize - forms a triad
>
> Thing   Representation   Form
>
> Kant you remember distinguishes in all mental representations the matter and the form. The distinction here is slightly different. In the first place, I do not use the word *Representation* as a translation of the German *Vorstellung* which is the general term for any product of the cognitive power. Representation, indeed, is not a perfect translation of that term, because it seems necessarily to imply a mediate reference to its object, which Vorstellung does not. I however would limit the term neither to that which is mediate nor to that which is mental, but would use it in its broad, usual and etymological sense for anything which is supposed to stand for another and which might express that other to a mind which truly could understand it. Thus our whole world - that which we can comprehend - is a world of representation. No one can deny that there are representations for every thought is one. But with *things* and *forms* scepticism, though still unfounded, is at first possible. The *thing* is that for which a representation might stand prescinded from all that would constitute a relation with any representation. The *form* is the respect in which a representation might stand for a thing, prescinded from both thing and representation. We thus see that *things* and *forms* stand very differently with us from *representations*. Not in being prescinded elements for representations also are prescinded from other representations. But because we know representations absolutely, while we only know *forms* and *things* through representations. Thus scepticism is possible concerning *them*. But for the very reason that they are known only relatively and therefore do not belong to our world; the hypothesis of *things* and *forms* introduces nothing false. For truth and falsity only apply to an object as far as it can be known. If indeed we could know things and forms in themselves, then perhaps our representations of them might contradict this knowledge. But since all that we know of them we know through representations, if our representations be consistent they have all the truth that the case admits of.
>
> We found representations to be of three kinds
>
> Signs   Copies   Symbols.

---

[16]Vgl. HARVARD LECTURE I, W1:164ff [MS94: Februar-März 1865]. Vgl. ebenso HARVARD LECTURE VIII, W1:256ff [MS105: April-Mai 1865], AN UNPSYCHOLOGICAL VIEW OF LOGIC, W1:306ff&310ff [MS109: Mai-Herbst 1865] sowie LOGIC OF THE SCIENCES, W1:322ff [MS113: Herbst-Winter 1865].

[17]Vgl. HARVARD LECTURE VIII, W1:258 [MS105: April-Mai 1865].

By a *copy*, I mean a representation whose agreement with its object depends merely upon a sameness of predicates. By a *sign*, I mean a representation whose reference to its object is fixed by convention. By a symbol I mean one which upon being presented to the mind - without any resemblance to its object and without any reference to a previous convention - calls up a concept. I consider concepts, themselves, as a species of symbols.

HARVARD LECTURE VIII, W1:256f [MS105: April-Mai 1865]

So wie „unsere gesamte Welt" (our whole world) für Kant eine Welt der „Vorstellung" ist, so ist sie für Peirce „eine Welt der Repräsentation" (a world of representation). Peirce möchte den Begriff der „Repräsentation" (representation) jedoch ausdrücklich nicht als Übersetzung von Kants Begriff der „Vorstellung" verstanden wissen. Vielmehr möchte er das, was Kant als „Vorstellungen" bezeichnet, nur als eine Spezies von „Repräsentationen" (representations), nämlich als „mentale Repräsentationen" (mental representations), verstanden wissen. Er unterscheidet dabei zugleich zwischen „Vorstellungen", die *mittelbar* auf „Gegenstände" (objects) referieren, und „Vorstellungen", die *unmittelbar* auf „Gegenstände" (objects) referieren. Mit dieser Unterscheidung bringt Peirce nun aber ganz offensichtlich Kants Unterscheidung zwischen „Anschauungen" und „Begriffen" zum Ausdruck. Mithin wird deutlich, daß Peirce Kants Unterscheidung zwischen „Anschauungen" und „Begriffen" als Unterscheidung zwischen „mentalen Repräsentationen", die *unmittelbar* auf „Gegenstände" referieren, und „mentalen Repräsentationen", die *mittelbar* auf „Gegenstände" referieren, interpretiert.

Mit dieser Interpretation von Kants Unterscheidung zwischen „Anschauungen" und „Begriffen" scheint Peirce diese Unterscheidung jedoch insofern nicht unabhängig von den ontologischen Voraussetzungen zu interpretieren, die Kants Konzeption derselben zugrundeliegen, als er „mentale Repräsentationen" nach dem Vorbild von Kants Begriff der „Vorstellung" als „Produkte des Erkenntnisvermögens" (products of cognitive power) zu verstehen scheint. Tatsächlich jedoch versteht Peirce den Gegensatz zwischen „mentalen" und nicht-„mentalen" „Repräsentationen" auch unabhängig von den ontologischen Voraussetzungen, die Kants Begriff der „Vorstellung" zugrundeliegen. Dies zeigt sich daran, daß Peirce auf der Grundlage seiner Definition der Begriffe „Repräsentation" (representation), „Ding" (thing) und „Form" (form) ausdrücklich klarstellt, daß uns „Repräsentationen" (representations) *„absolut" (absolutely)* bekannt sind, während uns „Dinge" (things) und „Formen" (forms) nur *„relativ" (relatively)*, nämlich „durch Repräsentationen" (through representations), bekannt sind. Wenn nämlich auf der Grundlage dieser Voraussetzung die „Repräsentationen" unserer „Welt der Repräsentation" als „mentale Repräsentationen" verstanden werden sollen, dann darf unter „mentalen Repräsentationen" zunächst einmal nichts anderes verstanden werden als 'Phaenomena', die als Repräsentationen von 'Noumena' interpretiert werden. Dementsprechend darf dann unter nicht-„mentalen" „Repräsentationen" zunächst einmal nichts anderes verstanden werden als 'Noumena', die als Repräsentationen anderer 'Noumena' interpretiert werden.

Die These, daß Peirce den Gegensatz zwischen „mentalen" und nicht-„mentalen" „Repräsentationen" auch als den Gegensatz zwischen 'Phaenomena', die als Repräsentationen von 'Noumena' interpretiert werden, und 'Noumena', die als Repräsentationen anderer 'Noumena' interpretiert werden, versteht, wird durch die folgende Passage aus einem fragmentarischen Manuskript mit dem Titel AN UNPSYCHOLOGICAL VIEW OF LOGIC bestätigt, an dem Peirce unmittelbar nach Ende seiner Harvard-Vorlesungsreihe gearbeitet hat. Bezeichnenderweise stellt auch diese Passage wiederum den Ausgangspunkt des diesmal schon durch den Titel programmatisch angekündigten Versuchs dar, „eine unpsychologische Ansicht von Logik" herauszuarbeiten:

> There are three aspects under which every phenomenon may be considered and which may be regarded also as three elements of the phenomenon. Every phenomenon is in the first place an image; so that it may be considered to be or to contain a representation. In the second place, the phenomenon may be objectified, or looked upon as a reality; in this way it is said to be or (more usually) to contain *matter*. For matter is that by virtue of which anything is. In the third place, the differences of its parts and its qualities may be considered, and in this point of view, it is said to be or (more usually) to contain *form*. For form is that by virtue of which anything is such as it is. Corresponding to these three elements of actual cognitions or phenomena; there are three corresponding elements of those possibilities of cognition or substrata of phenomena which are supposed for the purpose of explaining the regularities of cognition. These hypotheses amount to this; that every phenomenon is matched by some noumenon, or that to every actual cognition there corresponds a possible cognition. If I see John Jones, I suppose that there will be and has been a possibility of seeing John Jones. Corresponding, then, to internal representation we have a representation, in general, internal or external; which is a supposed thing standing for something else. Corresponding to the matter of phenomena we have the supposition of external realities or *things*; and corresponding to the form of phenomena we have *qualities*.
>
> AN UNPSYCHOLOGICAL VIEW OF LOGIC, W1:307 [MS109: Mai-Herbst 1865]

Die hier konzipierte Unterscheidung zwischen „internen" (internal) und „externen" (external) „Repräsentationen" (representations) korrespondiert offensichtlich Peirces vorheriger Unterscheidung zwischen „mentalen" und nicht-„mentalen" „Repräsentationen". Anders als zuvor konzipiert Peirce diese Unterscheidung hier nun aber unmißverständlich als Unterscheidung zwischen „Phaenomena" (phenomena), die als Repräsentationen von „Noumena" (noumen[a]) interpretiert werden, und „Noumena" (noumen[a]), die als Repräsentationen anderer „Noumena" (noumen[a]) interpretiert werden. Mithin bestätigt sich die These, daß Peirce die Unterscheidung zwischen „mentalen" und nicht-„mentalen" „Repräsentationen" auch unabhängig von den ontologischen Voraussetzungen versteht, die Kants Begriff der „Vorstellung" zugrundeliegen. Damit aber bestätigt sich zugleich die These, daß Peirce die 'phänomenologische Reduktion' von Kants Unterscheidung zwischen „Anschauungen" und „Begriffen" realisiert.

Wer auch nur ein wenig mit Peirces berühmter Semiotik vertraut ist, wird bei der Lektüre der zuvor zitierten Passage aus Peirces HARVARD LECTURE VIII die Analogie bemerkt haben, die zwischen Peirces dortigem Begriff einer „Repräsentation" (representation) und seinem späteren Begriff eines „Zeichens" (sign) besteht.[18] Diese Analogie betrifft nicht nur den Umstand, daß Peirce eine „Repräsentation" gleich in mehrfacher Weise als Relat einer triadischen Relation versteht, sondern sie betrifft darüberhinaus auch das Schema der Einteilung aller „Repräsentationen" in drei Spezies. Tatsächlich handelt es sich bei Peirces dortigem Begriff einer „Repräsentation" um den ersten, noch unvollkommenen Vorläufer seines späteren Begriff eines „Zeichens". Die vorangegangenen Ausführungen eröffnen daher nicht nur den philosophischen Horizont, innerhalb dessen auch Peirces späterer Begriff eines „Zeichens" verstanden werden muß, sondern sie geben darüberhinaus einen aufschlußreichen Einblick in die Vorgeschichte dieses Begriffs. Das vollständige Verständnis dieses Begriffs erschließt sich jedoch erst auf der Grundlage von Peirces 'Dekonstruktion' von Kants „System aller Grundsätze des reinen Verstandes", die es im Folgenden zu rekonstruieren gilt.

---

[18]Vgl. Peirces spätere Definition eines „Zeichens" (sign), zitiert im Appendix, Item 4.

5.
Peirces 'Dekonstruktion' von Kants „System aller Grundsätze des reinen Verstandes"

Auf der Grundlage der Unterscheidung zwischen Prinzipien a priori der „Sinnlichkeit" und Prinzipien a priori des „Verstandes" bedarf es zur Realisierung des Ziels, das Kant mit seiner Idee einer „Transzendental-Philosophie" verbindet, als nächstes der Identifi-kation des Systems aller Prinzipien a priori der „Sinnlichkeit" einerseits sowie des Systems aller Prinzipien a priori des „Verstandes" andererseits. Erst dann nämlich, wenn diese beiden Systeme identifiziert worden sind, wird diese Unterscheidung effektiv zu dem Instrument, das es erlaubt, das System aller Prinzipien der „Erkenntnis a priori" zur Entfaltung zu bringen. Da Peirce allem Anschein nach nichts gegen Kants These einzuwenden hat, „daß es zwei reine Formen sinnlicher Anschauung, als Prinzipien der Erkenntnis a priori gebe, nämlich Raum und Zeit",[1] können wir uns im Folgenden darauf beschränken, Peirces 'Dekonstruktion' von Kants „*System aller Grundsätze des reinen Verstandes*" zu rekonstruieren.

Kants „System aller Grundsätze des reinen Verstandes" korrespondiert seinem *System der „reinen Verstandesbegriffe oder Kategorien".* Das System der „reinen Verstandesbegriffe oder Kategorien" ist nämlich nichts anderes als das System der „Elemente der reinen Verstandeserkenntnis",[2] d.h. das System der elementaren Begriffe, aus denen sich die Prädikate aller Prinzipien a priori des „Verstandes" zusammensetzen. Da Kant das „System aller Grundsätze des reinen Verstandes" auf der Grundlage des zuvor abgeleiteten Systems der „reinen Verstandesbegriffe oder Kategorien" formuliert und Peirce sich dementsprechend vor allem mit dem letzteren System auseinandersetzt, muß es im Folgenden gelten, Peirces 'Dekonstruktion' von Kants „System aller Grundsätze des reinen Verstandes" anhand seiner 'Dekonstruktion' von Kants System der „reinen Verstandesbegriffe oder Kategorien" zu rekonstruieren.

Auf der Grundlage der vorangegangenen 'Dekonstruktion' von Kants Unterscheidung zwischen Prinzipien a priori der „Sinnlichkeit" und Prinzipien a priori des „Verstandes" ist unter dem „*System aller Grundsätze des reinen Verstandes*" das System aller elementaren Urteile über die Gegenstände (diskreten Einheiten) jeder uns vorstellbaren Welt zu verstehen. Dementsprechend ist unter dem *System der „reinen Verstandesbegriffe oder Kategorien"* das System aller elementaren Prädikate zu verstehen, die von jedem uns vorstellbaren Gegenstand ausgesagt werden können. Bemerkenswerterweise scheint diese Definition einer Kategorie bereits eine inhaltliche Bestimmung des Kategoriensystems zu implizieren. Sie setzt nämlich voraus, daß jeder uns vorstellbare Gegenstand Gegenstand von Urteilen sein kann. Insofern er aber Gegenstand von Urteilen sein

---

[1] Vgl. Kap. 4.2. Was den späten Peirce betrifft, so geht dies aus seinen Entwürfen zu einer „Natürlichen Klassifikation der Wissenschaften" hervor (vgl. Appendix, Item 2). Auf der Grundlage seiner Unterscheidung zwischen „theôrics" und „epistêmy", die Kants Unterscheidung zwischen Prinzipien a priori des „Sinnlichkeit" und des „Verstandes" zu korrespondieren scheint, unterscheidet Peirce dort nämlich zwischen „chronotheôry" und „topotheôry".

[2] Vgl. KRITIK DER REINEN VERNUNFT, B 89ff [A 64ff].

kann, scheint jeder uns vorstellbare Gegenstand als Repräsentation dessen verstanden werden zu können, als was er durch Urteile interpretiert wird. Mithin scheint ein Kategoriensystem nur dann konsistent sein zu können, wenn es entweder den Begriff der Repräsentation selbst oder aber andere Begriffe enthält, auf die sich der Begriff der Repräsentation vollständig reduzieren läßt. Der Begriff der Repräsentation scheint daher als ein Kriterium gelten zu können, mittels dessen die Konsistenz eines Kategoriensystems vorläufig überprüft werden kann.

Während Peirces 'Dekonstruktion' der Unterscheidung zwischen „Erkenntnissen a priori" und „Erkenntnisssen a posteriori" sowie der Unterscheidung zwischen Prinzipien a priori der „Sinnlichkeit" und Prinzipien a priori des „Verstandes" im wesentlichen darin bestand, diese beiden fundamentalen Architekturprinzipien der „Transzendental-Philosophie" so zu interpretieren, daß sie mit den Intentionen vereinbar sind, die Kant mit seiner Idee einer „Transzendental-Philosophie" verbindet, mündet Peirces 'Dekonstruktion' von Kants „Tafel der Kategorien" in eine „*New List of Categories*", d.h. in ein ganz anderes Kategoriensystem. Die fundamentale Differenz zwischen diesen beiden Kategoriensystemen wird schon allein durch die bloße Gegenüberstellung derselben unmittelbar offensichtlich:

Kants „Tafel der Kategorien":

1.
DER QUANTITÄT
Einheit
Vielheit
Allheit

2.		3.
DER QUALITÄT		DER RELATION
Realität		der Inhärenz und Subsistenz
Negation		(substantia et accidens)
Limitation		der Kausalität und Dependenz
		(Ursache und Wirkung)
		der Gemeinschaft
		(Wechselwirkung zwischen dem
		Handelnden und Leidenden)

4.
DER MODALITÄT
Möglichkeit – Unmöglichkeit
Dasein – Nichtsein
Notwendigkeit – Zufälligkeit

KRITIK DER REINEN VERNUNFT, B 106 [A 80]

Peirces „New List of Categories":

BEING,
Quality (Reference to a Ground),
Relation (Reference to a Correlate),
Representation (Reference to an Interpretant),
SUBSTANCE

ON A NEW LIST OF CATEGORIES, W2:54 [P32: 14.5.1867]

Während Kants Kategoriensystem in vier Abteilungen gegliedert ist, die jeweils drei Kategorien umfassen, und mithin aus insgesamt zwölf Kategorien besteht, besteht Peirces Kategoriensystem aus insgesamt fünf Kategorien, von denen die drei mittleren Kategorien „Qualität" (Quality), „Relation" (Relation) und „Repräsentation" (Representation) Peirces späteren Kategorien der „Erstheit" (Firstness), „Zweitheit" (Secondness) und „Drittheit" (Thirdness) korrespondieren. Aus der Sicht Peirces wären daher entweder alle oder aber wenigstens die meisten der in Kants Kategoriensystem versammelten Begriffe eigentlich keine Kategorien. Dies bedeutet jedoch nicht notwendigerweise, daß Peirce diese Begriffe nicht für Prädikate von Prinzipien a priori des „Verstandes" halten würde, sondern dies bedeutet vielmehr lediglich, daß Peirce diese Begriffe nicht für *elementare* Prädikate von Prinzipien a priori des „Verstandes" halten würde. Es ist nämlich durchaus denkbar, daß sich diese Begriffe auf die eine oder andere Weise auf Peirces Kategorien reduzieren lassen. Man kann daher erwarten, daß Peirce die in Kants Kategoriensystem versammelten Begriffe nur in dem Maße nicht für Prädikate von Prinzipien a priori des „Verstandes" halten würde, in dem sie sich nicht auf seine eigenen Kategorien reduzieren lassen.

Überprüft man die Konsistenz dieser beiden Kategoriensysteme mittels des eingangs genannten Kriteriums, so stellt sich heraus, daß Peirces Kategoriensystem im Gegensatz zu Kants Kategoriensystem diesem Kriterium zu genügen scheint. Während nämlich nicht zu erkennen ist, daß der als Kriterium dienende Begriff der Repräsentation auf die Kategorien von Kants Kategoriensystem reduziert werden könnte, enthält Peirces Kategoriensystem selbst einen Begriff der Repräsentation, von dem sich freilich noch nicht mit Gewißheit sagen läßt, ob er auch denjenigen Begriff der Repräsentation umfaßt, der hier als Kriterium dient. Die so diagnostizierte Inkonsistenz von Kants Kategoriensystem kommt im Horizont von Kants Position daran zum Ausdruck, daß Kant unsere Welt als eine Welt von „Vorstellungen" versteht, ohne daß sich das „Vorstellung"-Sein aller möglichen Gegenstände unserer Welt in seinem Kategoriensystem niederschlägt. Demgegenüber legt Peirce dadurch, daß er unsere Welt auf der Grundlage der von ihm realisierten 'phänomenologischen Reduktion' als eine Welt von „Repräsentationen" (representations) versteht,[3] bereits die wichtigste Kategorie seines später unabhängig davon abgeleiteten Kategoriensystems frei.

Aufschluß sowohl darüber, aus welchem Grund Peirce Kants Kategoriensystem verwirft, als auch darüber, auf welche Weise er zu dem Kategoriensystem der „New List of Categories" gelangt, erhalten wir aus einem Manuskript mit dem Titel LOGIC CHAPTER I, an dem Peirce nur wenige Monate vor Veröffentlichung seines Aufsatzes ON A NEW LIST OF CATEGORIES gearbeitet hat. Es liegt daher nahe, Peirces 'Dekonstruktion' von Kants Kategoriensystem ausgehend von diesem Manuskript zu rekonstruieren. Peirce eröffnet dieses Manuskript auf die folgende, uns bereits bekannte Weise:[4]

> No study seems so trivial as that of formal logic, not only at first sight but until after long research. It is far too indeterminate to be of much use in actual

---

[3]Vgl. Kap. 4.3.
[4]Vgl. Kap. 1.2.

reasoning, and it is too simple to interest like Mathematics by involutions and resolutions of forms. It has, however, a deep significance, one which was perceived most clearly by Aristotle and Kant and the recognition of which gave their two philosophies such preëminent vitality. It is the circumstance that the commonest and most indispensible conceptions are nothing but objectifications of logical forms. The categories of Kant are derived from the logical analysis of judgments, and those of Aristotle (framed before the accurate separation of syntax and logic) are derived from a half-logical half-grammatical analysis of propositions. Now upon the table of the categories philosophy is erected, - not merely metaphysic but the philosophy of religion, of morals, of law, and of every science. To form a table of the categories is, therefore, the great end of logic.

Kant first formed a table of the various logical divisions of judgments, and then deduced his categories directly from these. For example, corresponding to a categorical form of judgment is the relation of substance and accident, and corresponding to the hypothetical form is the relation of cause and effect. The correspondences between the functions of judgment and the categories are obvious and certain. So far the method is perfect. Its defect is that it affords no warrant for the correctness of the preliminary table, and does not display that direct reference to the unity of consistency which alone gives validity to the categories.

Partly in order to remedy this defect, Hegel produced his logic. He begins at the unity of being and runs through the categories guided by the homogeneousness of their internal relationships, and ends with the functions of judgment. He brought to the task such a surpassing genius for this kind of thought, that by the result of his labor, this inverted method must be finally judged. Now his procedure does not seem to give determinate solutions; but the results seem to be arbitrary; for whereas he has finally arrived at the same divisions of the judgment as were made by Kant and currently received at Hegel´s day, the more recent researches of logic have modified these and have shown them to be wrong.

The method which ought to be adopted is one which derives the categories from the functions of judgment but which has its starting-point in pure being. [...]

LOGIC CHAPTER I, W1:351f [MS115: Winter-Frühling 1866]

Ausgangspunkt dieses nicht zufällig als LOGIC CHAPTER I betitelten Manuskripts ist eine Reflexion über Sinn und Zweck des Studiums der „formalen Logik" (formal logic). Da Peirce die „tiefe Bedeutung" (deep significance) der „formalen Logik" ebenso wie „Aristoteles und Kant" in dem Umstand erkennt, „daß die allgemeinsten und unverzichtbarsten Begriffe nichts als Objektivierungen logischer Formen sind" (that the commonest and most indispensible conceptions are nothing but objectifications of logical forms), bestimmt er „das große Ziel der Logik" (the great end of logic) darin, „eine Tafel der Kategorien zu bilden" ([t]o form a table of categories), um auf dieser Grundlage ein vollständiges System der Philosophie zu errichten. Peirces Reflexion über Sinn und Zweck des Studiums der „formalen Logik" mündet daher zunächst in eine Kritik von Kants Methode der Ableitung der Kategorien und als Konsequenz dieser Kritik schließlich in den Entwurf einer eigenen Methode der Ableitung der Kategorien, welche - wie sich zeigen wird - unmittelbar zur Ableitung der „New List of Categories" führt.[5]

Insofern Peirce sich mit der These, „daß die allgemeinsten und unverzichtbarsten Begriffe nichts als Objektivierungen logischer Formen sind", explizit auf „Aristoteles und Kant" beruft, besteht Kants Methode, die Kategorien von den Urteilsfunktionen abzuleiten,[6] für Peirce offensichtlich in der „Objektivierung" (objectification) der Urteilsfunktionen. Diese Interpretation von Kants Methode der Ableitung der Kategorien erweist sich aus zweierlei Gründen als vollkommen berechtigt. Erstens scheint Peirce mit der These, „daß die allgemeinsten und unverzichtbarsten Begriffe nichts als Objektivierungen logischer Formen sind", lediglich Kants eigene These zu paraphrasieren, daß „die Kategorien nichts andres [sind], als eben diese Funktionen zu urteilen, so fern das Mannigfaltige einer gegebenen Anschauung in Ansehung ihrer bestimmt ist".[7] Zweitens scheinen sich die von Kant abgeleiteten Kategorien tatsächlich allesamt als „Objektivierungen" der Urteilsfunktionen verstehen zu lassen, von denen sie abgeleitet sind.[8] Dies wird besonders deutlich am Beispiel der beiden auch von Peirce als Beispiel herangezogenen Kategorien der „Relation": während die Kategorie der „Relation" zwischen „Substanz und Akzidenz" (substance et accident) offensichtlich als „Objektivierung" der Relation zwischen Subjekt und Prädikat verstanden werden kann, durch welche für Kant die Urteilsfunktion „kategorischer" Urteile charakterisiert ist, kann die Kategorie der „Relation" zwischen „Ursache und Wirkung" (cause and effect) offensichtlich als „Objektivierung" der Relation zwischen konditionierendem Neben- und konditioniertem Hauptsatz verstanden werden, durch welche für Kant die Urteilsfunktion „hypothetischer" Urteile charakterisiert ist.

Insofern nun Kants Methode, die Kategorien von den Urteilsfunktionen abzuleiten, für Peirce in der „Objektivierung" (objectification) der Urteilsfunktionen besteht, muß er diese Methode offensichtlich prinzipiell gutheißen. Tatsächlich hält Peirce diese Methode „[i]nsoweit" ([s]o far) für „perfekt" (perfect), als „[d]ie Korrespondenzen zwischen den Urteilsfunktionen und den Kategorien [...] offenkundig und gewiß [sind]" ([t]he correspondences between the functions of judgment and the categories are obvious and certain). Er kritisiert diese Methode jedoch zugleich wegen eines „Defekts" (defect), der aus zwei verschiedenen Mängeln besteht: zum einen gebe diese Methode „keine Garantie für die Richtigkeit der präliminären Tafel" (it affords no warrant for the correctness of the preliminary table), zum anderen lasse diese Methode „jenen direkten Bezug zur Einheit der Konsistenz nicht erkennen, welcher allein den Kategorien Validität verschafft" (it does no display that direct reference to the unity of consistency which alone gives validity to the categories). Was es mit diesen beiden Einwänden auf sich hat und inwieweit sie berechtigt sind, wird an späterer Stelle ausführlich zu erörtern sein.[9] Dabei wird sich bemerkenswerterweise herausstellen, daß Peirce unter der „Ein-

---

[5]Vgl. Kap. 5.2.
[6]Vgl. KRITIK DER REINEN VERNUNFT, B 91ff [A 66ff].
[7]Vgl. KRITIK DER REINEN VERNUNFT, B 143.
[8]Vgl. KRITIK DER REINEN VERNUNFT, B 95 [A 70] und B 106 [A 80].
[9]Vgl. Kap. 5.1.

heit der Konsistenz" (unity of consistency) nichts anderes versteht als das, was Kant als die „Einheit der Apperzeption" bezeichnet.

Als einen Versuch, den „Defekt" von Kants Methode der Ableitung der Kategorien zu beheben, bringt Peirce Hegels WISSENSCHAFT DER LOGIK ins Spiel. Hegels Methode, ausgehend vom „reinen Sein" mittels eines dialektischen Verfahrens zunächst die Kategorien und schließlich die Urteilsfunktionen abzuleiten,[10] wird von Peirce jedoch letztlich als „willkürlich" (arbitrary) abgelehnt, weil sie zu den gleichen, mittlerweile als „falsch" (wrong) erwiesenen Einteilungen der Urteilsfunktionen führt, die schon Kant zugrundegelegt hatte und noch zu Hegels Zeiten geläufig waren. Da Peirce, inspiriert durch Hegels Versuch, den „Defekt" von Kants Methode der Ableitung der Kategorien zu beheben, schließlich für eine Methode plädiert, „welche die Kategorien zwar von den Urteilsfunktionen ableitet, ihren Ausgangspunkt aber im reinen Sein hat" (which derives the categories from the functions of judgment but which has its starting-point in pure being), betrifft diese Ablehnung offensichtlich nur Hegels dialektisches Verfahren, während der von Hegel übernommene Ansatz, die Kategorien ausgehend vom „reinen Sein" (pure being) abzuleiten, für Peirce offensichtlich geeignet ist, den „Defekt" von Kants Methode der Ableitung der Kategorien zu beheben. Signifikanterweise stellt Peirce Hegels Methode, ausgehend vom „reinen Sein" mittels eines dialektischen Verfahrens zunächst die Kategorien und schließlich die Urteilsfunktionen abzuleiten, zum einen als eine Methode dar, die von der „Einheit des Seins" (unity of being) ausgeht, und versteht die so dargestellte Methode zum anderen als eine Methode, die gegenüber der Methode Kants „invertiert" (inverted) ist. Beides zusammen macht nur dann Sinn, wenn man unterstellt, daß Peirce Hegels „reines Sein" in irgendeiner Weise mit der „Einheit der Konsistenz" (unity of consistency), d.h. mit dem identifiziert, was Kant als die „Einheit der Apperzeption" bezeichnet, und dabei darum bemüht ist, zwischen diesen beiden Begriffen durch den Begriff der „Einheit des Seins" (unity of being) zu vermitteln. Der Ansatz, die Kategorien ausgehend vom „reinen Sein" (pure being) abzuleiten, wäre demnach deshalb geeignet, den „Defekt" von Kants Methode der Ableitung der Kategorien zu beheben, weil die Kategorien ausgehend von der „Einheit der Konsistenz" (unity of consistency), d.h. ausgehend von dem abgeleitet würden, was Kant als die „Einheit der Apperzeption" bezeichnet.

Als Konsequenz seiner Kritik sowohl an Kants als auch an Hegels Methode der Ableitung der Kategorien plädiert Peirce schließlich für eine Methode, „welche die Kategorien zwar von den Urteilsfunktionen ableitet, ihren Ausgangspunkt aber im reinen Sein hat" (which derives the categories from the functions of judgment but which has its starting-point in pure being). Während er mit dem Vorsatz, die Kategorien von den Urteilsfunktionen abzuleiten, offensichtlich an Kant anknüpft, knüpft er mit dem Vorsatz, die Kategorien ausgehend vom „reinen Sein" (pure being) abzuleiten, offensichtlich an Hegel an. Die Methode der Ableitung der Kategorien, die schließlich zur Ableitung der „New List of Categories" führt, geht also offensichtlich aus einer eigentümlichen Synthese der Methoden Kants und Hegels hervor. Was es mit dieser Methode

---

[10]Vgl. WISSENSCHAFT DER LOGIK, Bd.1, GW11:33ff.

auf sich hat, wird an späterer Stelle ausführlich zu erörtern sein.[11] Dabei wird sich bemerkenswerterweise bestätigen, daß es sich bei dieser Methode um eine Methode handelt, welche ihren Ausgangspunkt in dem hat, was Kant als die „Einheit der Apperzeption" bezeichnet.

Die vorangegangene Analyse der oben zitierten Passage stellt gleichsam die Grundlage bereit, auf der sich uns das Verständnis von Peirces 'Dekonstruktion' von Kants System der „reinen Verstandesbegriffe oder Kategorien" erschließen wird. Anknüpfend an die Ergebnisse dieser Analyse werde ich im Folgenden zunächst einmal Peirces Destruktion von Kants Kategoriensystem (Kap. 5.1) und dann Peirces Ableitung des Kategoriensystems der „New List of Categories" (Kap. 5.2) nachvollziehen. Zuvor jedoch möchte ich noch einen Moment innehalten und in einem kurzen Exkurs zu klären versuchen, inwieweit es sich bei der nicht nur von Kant, sondern anscheinend auch von Peirce zugrundegelegten Methode, die Kategorien von den Urteilsfunktionen abzuleiten, überhaupt um eine angemessene Methode der Ableitung der Kategorien handelt.

Exkurs:
Zur Angemessenheit der Methode,
die Kategorien von den Urteilsfunktionen abzuleiten

Jeder Versuch einer Begründung der Methode, die Kategorien von den Urteilsfunktionen abzuleiten, sollte von der Definition einer Kategorie ausgehen, die sich auf der Grundlage der 'phänomenologischen Reduktion' von Kants Unterscheidung zwischen Prinzipien a priori der „Sinnlichkeit" und Prinzipien a priori des „Verstandes" ergibt.[12] Nur auf dieser Grundlage nämlich kann diese Methode mit den Intentionen vereinbar sein, die Kant mit seiner Idee einer „Transzendental-Philosophie" verfolgt. Die Methode, die Kategorien von den Urteilsfunktionen abzuleiten, muß daher grundsätzlich zwei verschiedene Bedingungen erfüllen. Zum einen muß sie auf der Grundlage der von Kant intendierten 'ontologischen Epoché', d.h. unabhängig von den ontologischen Voraussetzungen formuliert werden können, die Kant seiner Unterscheidung zwischen Prinzipien a priori der „Sinnlichkeit" und des „Verstandes" zugrundelegt. Zum anderen muß sie ausgehend von der sich auf dieser Grundlage ergebenden Definition einer Kategorie eine Gewähr dafür bieten, daß es sich bei den mittels derselben abgeleiteten Begriffen tatsächlich um das vollständige System aller Kategorien handelt.

Auf der Grundlage der von Kant intendierten 'ontologischen Epoché' kann die Methode, die Kategorien von den Urteilsfunktionen abzuleiten, offensichtlich dann formuliert werden, wenn die Beziehung zwischen den *Urteilen*, von deren Funktionen die Kategorien abgeleitet werden, und den *Gegenständen*, über die die Kategorien etwas aussagen sollen, auf dieser Grundlage formuliert werden kann. Daß dies tatsächlich möglich ist, zeigt sich schon allein daran, daß die 'phänomenologische Reduktion' von

---

[11]Vgl. Kap. 5.2.
[12]Vgl. Kap. 4.1.

66

Kants Unterscheidung zwischen „Anschauungen" und „Begriffen" möglich ist, denn diese Unterscheidung liegt offensichtlich Kants Konzeption dieser Beziehung zugrunde.[13] Dementsprechend realisiert Peirce die 'phänomenologische Reduktion' dieser Unterscheidung nicht zufällig im Zusammenhang seines Bemühens um eine „gänzlich unpsychologische Ansicht von Logik". Dieses Bemühen läßt sich nämlich zweifellos auch als Ausdruck des Versuchs verstehen, die von ihm grundsätzlich gutgeheißene Methode, die Kategorien von den Urteilsfunktionen abzuleiten, auf eine Grundlage zu stellen, die den mit Kants Idee einer „Transzendental-Philosophie" verbundenen Intentionen angemessen ist.

Auf der Grundlage der von Kant intendierten 'phänomenologischen Epoché' sind unter Kategorien elementare Prädikate zu verstehen, die von jedem uns vorstellbaren Gegenstand ausgesagt werden können. Diese Definition setzt voraus, daß jeder uns vorstellbare Gegenstand Gegenstand von Urteilen sein kann. Wenn nun alle möglichen Urteile bestimmten Urteilsfunktionen unterstehen, dann können die „Objektivierungen" (objectifications) dieser Funktionen zweifellos jedem uns vorstellbaren Gegenstand als Prädikate zugesprochen werden. Dies scheint jedoch noch nicht bedeuten zu müssen, daß das System der so gewonnenen Prädikate mit dem System der Kategorien identisch ist. Es scheint nämlich nicht ohne weiteres ausgeschlossen werden zu können, daß jedem uns vorstellbaren Gegenstand neben den so gewonnenen Prädikaten auch noch andere Prädikate zugesprochen werden können, die sich nicht auf die so gewonnenen Prädikate reduzieren lassen. Zur Begründung der Methode, die Kategorien von den Urteilsfunktionen abzuleiten, scheint es mithin noch einer zusätzlichen Voraussetzung zu bedürfen.

Kant begründet die Methode, die Kategorien von den Urteilsfunktionen abzuleiten, durch die These, daß „[d]ieselbe Funktion, welche den verschiedenen Vorstellungen *in einem Urteil* Einheit gibt, [...] auch der bloßen Synthesis verschiedener Vorstellungen *in einer Anschauung* Einheit [gibt]".[14] Da Kant zwar einräumt, daß schon „durch die Einbildungskraft" eine „Synthesis" des „Mannigfaltigen der reinen Anschauung" stattfindet, d.h. „verschiedene Vorstellungen zu einander hinzu[getan]" werden, zugleich aber betont, daß es erst „Begriffe" sind, „welche dieser reinen Synthesis *Einheit* geben",[15] kommt diese These der These gleich, daß es zur Synthese verschiedener Vorstellungen zur Vorstellung eines Gegenstandes eines „Begriffs", d.h. der Fähigkeit bedarf, diesen Gegenstand zu „denken". Auch diese offensichtlich nicht unproblematische These scheint jedoch zur Begründung der Methode, die Kategorien von den Urteilsfunktionen abzuleiten, noch nicht auszureichen. Es scheint nämlich auch dann noch nicht ohne weiteres ausgeschlossen werden zu können, daß jedem uns vorstellbaren Gegenstand neben den von den Urteilsfunktionen abgeleiteten Prädikaten auch noch andere Prädikate zugesprochen werden können, die sich nicht auf die von den Urteilsfunktionen abgeleiteten Prädikate reduzieren lassen.

Peirce führt zur Begründung der Methode, die Kategorien von den Urteilsfunktionen abzuleiten, lediglich die These an, „daß die allgemeinsten und unverzichtbarsten

---

[13]Vgl. Kap. 4.3.
[14]Vgl. KRITIK DER REINEN VERNUNFT, B 104f [A 79].
[15]Vgl. KRITIK DER REINEN VERNUNFT, B 103f [A 77ff].

Begriffe nichts als Objektivierungen logischer Formen sind". Da er mit dieser These lediglich Kants These zu paraphrasieren scheint, daß „die Kategorien nichts andres [sind], als eben diese Funktionen zu urteilen, so fern das Mannigfaltige einer gegebenen Anschauung in Ansehung ihrer bestimmt ist", scheint er an Kants Begründung der Methode, die Kategorien von den Urteilsfunktionen abzuleiten, unmittelbar anknüpfen zu wollen, ohne in irgendeiner Weise darüber hinauszugehen. Peirces Begründung dieser Methode scheint daher ebenso unzureichend zu sein wie Kants Begründung derselben.

Mithin stellt sich heraus, daß die nicht nur von Kant, sondern anscheinend auch von Peirce zugrundegelegte Methode, die Kategorien von den Urteilsfunktionen abzuleiten, allem Anschein nach keine angemessene Methode der Ableitung der Kategorien ist. Vor diesem Hintergrund können wir nunmehr Peirces 'Dekonstruktion' von Kants Kategoriensystem weiterverfolgen. Dabei wird sich bemerkenswerterweise herausstellen, daß es sich bei der von Peirce vorgeschlagenen Methode der Ableitung der Kategorien nur *akzidentell* um eine Methode handelt, „welche die Kategorien von den Urteilsfunktionen ableitet". Die von Peirce vorgeschlagene Methode der Ableitung der Kategorien bleibt daher von dem eben vorgebrachten Einwand im wesentlichen unberührt.

5.1.
Peirces Kritik an Kants Kategoriensystem

In der eingangs zitierten Passage hatte Peirce Kants Methode, die Kategorien von den Urteilsfunktionen abzuleiten, zwar grundsätzlich gutgeheißen, sie aber zugleich wegen eines „Defekts" (defect) kritisiert. Diese Kritik umfaßt zwei verschiedene Einwände, die es im Folgenden zu erläutern und zu bewerten gilt.

Peirces erster Einwand gegen Kants Methode der Ableitung der Kategorien besteht darin, daß diese Methode „keine Gewähr für die Richtigkeit der präliminaren Tafel [leistet]": „[Kant's method] affords no warrant for the correctness of the preliminary table". Aus dem Kontext geht dabei eindeutig hervor, daß mit der „präliminaren Tafel" (preliminary table) die Urteilstafel gemeint ist, von der die Kategorien abzuleiten sind. Peirces Einwand besteht also darin, daß Kants Methode keine Gewähr für die Richtigkeit der Urteilstafel leistet. Dieser Einwand ist zweifellos vollkommen berechtigt. Zum einen nämlich ist die Urteilstafel selbst kein Ergebnis, sondern der Ausgangspunkt dieser Methode, und zum anderen ist es für die Durchführung dieser Methode völlig indifferent, ob die zugrundegelegte Urteilstafel richtig ist oder nicht. Die Richtigkeit der Urteilstafel muß daher anderweitig begründet werden. Kant jedoch übernimmt die von ihm zugrundegelegte Urteilstafel letztlich schlicht und einfach aus der Tradition, ohne sie auf ihre Richtigkeit hin zu überprüfen. Er erklärt lediglich, warum ihre Einteilung „in einigen, obgleich nicht wesentlichen Stücken, von der gewohnten Technik der Logiker abzuweichen scheint".[16] Peirce hat daher durchaus nicht Unrecht, wenn er erstaunt feststellt, daß Kants Untersuchung der Urteilsfunktionen äußerst „hastig, ober-

---

[16]Vgl. KRITIK DER REINEN VERNUNFT, B 95ff [A 70ff].

68

flächlich, trivial und geradezu läppisch" ist, obgleich Kants eigener Darstellung zufolge seine „gesamte Philosophie" darauf beruht.[17]

Peirces zweiter Einwand gegen Kants Methode der Ableitung der Kategorien besteht darin, daß diese Methode „jenen direkten Bezug zur Einheit der Konsistenz nicht erkennen [läßt], der allein den Kategorien Validität verschafft": „[Kant's method] does not display that direct reference to the unity of consistency which alone gives validity to the categories". Um verstehen zu können, worauf Peirce mit diesem Einwand hinaus will, muß zunächst geklärt werden, was Peirce in diesem Zusammenhang unter der „Einheit der Konsistenz" (unity of consistency) versteht. Ersten Aufschluß darüber erhalten wir dann, wenn wir die anderen, zeitlich nahen Textstellen berücksichtigen, in denen Peirce den Begriff der „Einheit der Konsistenz" (unity of consistency) verwendet. In allen diesen Textstellen identifiziert Peirce die „Einheit der Konsistenz" (unity of consistency) nämlich zumeist sogar explizit mit der „Einheit des *Ich denke*" (unity of the *I think*), d.h. mit dem, was Kant als die „Einheit der Apperzeption" bezeichnet:[18]

> Sensation presents a manifold and this manifold must be conjoined under the unity of consistency.
> LOGIC CHAPTER I, W1:352 [MS115: Winter-Frühling 1866]

> [Our first] impressions are grasped into the unity which the mind requires, the unity of the *I think* - the unity of consistency, by conceptions and sensations.
> LOWELL LECTURE IX, W1:471 [MS130: November 1866]

> the *I think* [...] is nothing but the unity of symbolization - consistency, [...].
> LOWELL LECTURE XI, W1:495 [MS132: November 1866]

> the unity of the *I think* [...] is the unity of symbolization, the unity of consistency [...].
> LOWELL LECTURE XI, W1:500 [MS132: November 1866]

> [All conceptions] are subjected to the unity of consistency or *I think* which is the centre of consciousness.
> [ON A METHOD OF SEARCHING FOR THE CATEGORIES],
> W1:516 [MS133: November-Dezember 1866]

Tatsächlich versteht Peirce unter der „Einheit der Konsistenz" (unity of consistency) offensichtlich auch dann nichts anderes als das, was Kant als „Einheit der Apperzeption" bezeichnet, wenn er sie in der eingangs zitierten Passage als dasjenige charakterisiert, worauf die Kategorien bezogen werden müssen, wenn ihnen Validität verschafft werden soll. Dies wird spätestens dann deutlich, wenn wir zum einen bedenken, daß die Voraussetzung der „Einheit der Apperzeption" dasjenige ist, worin Kants „Transzendentale Deduktion der reinen Verstandesbegriffe" kulminiert, und wenn wir zum ande-

---

[17]Vgl. CP1.560 [G-c.1907-1]: „In my studies of Kant´s great *Critic*, which I almost knew by heart, I was very much struck by the fact that, although, according to his own account of the matter, his whole philosophy rests upon his ´functions of judgment´, or logical divisions of propositions, and upon the relation of his ´categories´ to them, yet his examination of them is most hasty, superficial, trivial, and even trifling".

[18]Vgl. KRITIK DER REINEN VERNUNFT, B 131ff.

ren bedenken, daß Kants „Transzendentale Deduktion der reinen Verstandesbegriffe" nichts anderes ist als die „Erklärung der Art, wie sich [die von den Urteilsfunktionen abgeleiteten „reinen Verstandesbegriffe oder Kategorien"] a priori auf Gegenstände beziehen können".[19] Peirces zweiter Einwand gegen Kants Methode der Ableitung der Kategorien besteht demnach offenbar darin, daß diese Methode „jenen direkten Bezug zur [Einheit der Apperzeption] nicht erkennen [läßt], welcher allein den Kategorien Validität verschafft". Auch dieser Einwand ist offensichtlich vollkommen berechtigt, denn *für sich allein genommen* läßt Kants Methode, die Kategorien von den Urteilsfunktionen abzuleiten, diesen Bezug in der Tat nicht erkennen. Hierzu bedarf es vielmehr erst noch einer *nachträglichen* „Transzendentalen Deduktion der reinen Verstandesbegriffe".

Peirces zweifellos vollkommen berechtigte Einwände gegen Kants *Methode* der Ableitung der Kategorien bedeuten nun allerdings noch nicht zwangsläufig einen Einwand gegen das *Kategoriensystem*, das Kant mittels dieser Methode abgeleitet hat. Es wäre nämlich durchaus denkbar, daß zwar Kants Methode der Ableitung der Kategorien inadäquat ist, daß aber das mittels dieser Methode abgeleitete Kategoriensystem korrekt ist. Tatsächlich jedoch formuliert Peirce seine Kritik an Kants Methode der Ableitung der Kategorien vor dem Hintergrund der These, daß sich Kants Urteilstafel als „falsch" (wrong) erwiesen habe. Wenn aber Kants Urteilstafel falsch ist, dann muß für jemanden, der nicht daran zweifelt, daß die Kategorien von den Urteilsfunktionen abgeleitet werden können, auch das Kategoriensystem falsch sein, das Kant von dieser Urteilstafel abgeleitet hat.

Peirce begründet die These, daß sich Kants Urteilstafel als „falsch" (wrong) erwiesen habe, völlig zu Recht mit dem Hinweis auf „jüngere Forschungen in Logik" (more recent researches of logic). An diesen „jüngeren Forschungen in Logik" hat Peirce insofern einen nicht unerheblichen Anteil, als er selbst in kritischer Auseinandersetzung mit den Arbeiten zeitgenössischer Logiker verschiedene Mängel an Kants Urteils- bzw. Kategorientafel aufgezeigt hatte. Peirces Kritik betrifft dabei zum einen Kants Art und Weise der Unterteilung der Urteilsfunktionen. So hatte Peirce z.B. eingewendet, daß Kants Unterteilung der Urteilsfunktionen der „Quantität" und der „Qualität" in die jeweils drei von ihm genannten Funktionen unhaltbar ist.[20] Zum anderen hatte Peirce schon früh festgestellt, daß zwischen Kants Kategorien eine Reihe von Beziehungen bestehen, die von Kant nicht vorgesehen sind.[21] So hatte Peirce z.B. festgestellt, daß sich die drei Kategorien der „Qualität" als Aspekte der Kategorie der „Inhärenz und Subsistenz (substantia et accidens)" verstehen lassen, welche eine der drei Kategorien der „Relation" ist, und daß sich die drei Kategorien der „Relation" ihrerseits als Aspekte der Kategorie der „Notwendigkeit - Zufälligkeit" verstehen lassen, welche eine der drei Kategorien der „Modalität" ist.

Als Konsequenz dieser Kritik an Kants Urteils- bzw. Kategorientafel hatte sich Peirce zunächst der Verdacht nahegelegt, daß Kants Kategorientafel nicht wirklich das *vollständige* System aller elementaren Verstandesbegriffe darstellt, sondern als *Teil* eines

---

[19]Vgl. KRITIK DER REINEN VERNUNFT, B 117 [A 85].

[20]Vgl. HARVARD LECTURE ON KANT, W1:252f [MS101: März-April 1865].

[21]Vgl. CP4.2 [G-1898-1] sowie insbesondere CP1.563 [G-c.1898-1], wo Peirce diesen Sachverhalt rückblickend schildert.

umfassenderen Kategoriensystems beschrieben werden kann, innerhalb dessen die in Kants Kategorientafel nicht vorgesehenen Beziehungen zwischen den Kategorien verständlich gemacht werden können. Dementsprechend finden sich in Peirces Frühwerk wiederholt Versuche, Kants Kategorien als Teil eines umfassenderen, *zyklischen* Kategoriensystems darzustellen, innerhalb dessen sich die Kategorien allesamt *reziprok* definieren lassen.[22] Spätestens im Frühjahr 1864 hat Peirce jedoch „kein großes Vertrauen" (no great confidence) mehr in dieses zyklische Kategoriensystem und ist nunmehr darum bemüht, überhaupt erst einmal „zu entdecken, *wie wir die Kategorien erforschen sollten*," (to discover *how we ought to investigate the categories*), d.h. eine Methode zu entdecken, mittels derer die Kategorien gefunden werden können.[23] Diese Bemühungen führen über die zuvor diskutierte Kritik an Kants Methode der Ableitung der Kategorien schließlich zur Entdeckung der Methode der Ableitung des Kategoriensystems der „New List of Categories".

5.2.
Peirces Ableitung der „New List of Categories"

Am Ende der eingangs zitierten Passage hatte Peirce die Methode der Ableitung der Kategorien, für die er vor dem Hintergrund seiner Kritik an Kants Methode plädiert, als eine Methode charakterisiert, „welche die Kategorien zwar von den Urteilsfunktionen ableitet, ihren Ausgangspunkt aber im reinen Sein hat": „The method which ought to be adopted is one which derives the categories from the functions of judgment but which has its starting-point in pure being". Ersten Aufschluß darüber, was es mit dieser eigentümlichen Synthese der Methoden Kants und Hegels auf sich hat, erhalten wir durch Peirces weitere Darstellung der von ihm vorgeschlagenen Methode der Ableitung der Kategorien unmittelbar im Anschluß an die eingangs zitierte Passage aus dem Manuskript LOGIC CHAPTER I:

> The method which ought to be adopted is one which derives the categories from the functions of judgment but which has its starting-point in pure being. The first step of such a process may be described beforehand. Sensation presents a manifold and this manifold must be conjoined under the unity of consistency. Now to combine the manifold of the immediately present, in general, requires the introduction of a conception not given, precisely as the manifold of optical phenomena can only be reduced to harmony by the foreign conception of a luminiferous ether. But perhaps this introduced conception in order to be combined with the immediately present requires the introduction of another conception. And so on, until the conception of being, which *is* the unity of consistency, can be directly applied. If, therefore, we begin with the conception of being and ask what it is that it conjoins to that which is present, we shall have the first conception under it. Then if we ask what this conception conjoins to

---

[22]Vgl. W1:530 [MS52: Juni 1859], W1:38f [MS53: August 1859], W1:47ff [MS66: Frühling 1861] sowie W1:91ff [MS72: Winter 1861-1862].

[23]Vgl. W1:115 [L82a: April 1864].

that which is present we shall have the second conception. And we can proceed in this way until we finally arrive at the conception which directly combines together the immediately present, in general. This proceedure seems to be absolutely determinative and to give no room for anything arbitrary. Now let us put it in practice.

The final unity of consistency is given by the conception of being, which is the force of the copula of a proposition. [...]

We have, then, a uniform chain of conceptions stretching from pure being to the intuition in general. Now the three links composing this chain, namely, reference to a ground, reference to a correlate, and to a correspondent afford the elements for a complete system of logic.

LOGIC CHAPTER I, W1:352f [MS105: Winter-Frühling 1866]

Eine Methode, „welche ihren Ausgangspunkt im reinen Sein hat", ist die hier von Peirce vorgeschlagene Methode der Ableitung der Kategorien offenbar insofern, als sie von dem „Begriff des Seins" (conception of being) ausgeht. Peirce führt den „Begriff des Seins" (conception of being) als den Begriff ein, durch den die durch „Begriffe" (conceptions) geleistete Vereinigung der „Mannigfaltigkeit des unmittelbar Präsenten im allgemeinen" (manifold of the immediately present, in general) ihren Abschluß findet. Dementsprechend charakterisiert er den „Begriff des Seins" (conception of being) als einen Begriff, „welcher die Einheit der Konsistenz *ist*" (which *is* the unity of consistency), unter welcher die sinnliche Mannigfaltigkeit „vereinigt [sein bzw. werden] muß" (must be conjoined). Diese Charakterisierung greift er offensichtlich später noch einmal auf, indem er die konkrete Durchführung seiner zuvor nur abstrakt beschriebenen Methode der Ableitung der Kategorien mit der These einleitet, daß „[d]ie finale Einheit der Konsistenz [...] durch den Begriff des Seins gegeben [ist]" (The final unity of consistency is given by the conception of being).

Eine Methode, „welche die Kategorien von den Urteilsfunktionen ableitet", scheint die von Peirce vorgeschlagene Methode dagegen zunächst einmal nur insofern zu sein, als er den „Begriff des Seins" (conception of being) als die „Kraft der Kopula einer Proposition" charakterisiert. Mehr geht aus der oben zitierten, freilich stark gekürzten Passage zunächst einmal nicht hervor.[24] Stattdessen wird deutlich, daß es sich bei dem Verfahren, mittels dessen Peirce ausgehend vom „Begriff des Seins" (conception of being) die weiteren Kategorien ableitet, um ein *rekursives* Verfahren handelt. Die jeweils nächste Kategorie erhalten wir nämlich dann, „wenn wir fragen, was [die jeweils zuletzt gewonnene Kategorie] mit dem verknüpft, was präsent ist". Dieser Rekursionsprozeß wird solange fortgesetzt, „bis wir den Begriff erreichen, welcher das unmittelbar Präsente im allgemeinen direkt miteinander verbindet". Der Begriff des „unmittelbar Präsenten im allgemeinen" (the immediately present, in general) ist somit nicht nur der Ausgangspunkt, von dem aus Peirce den „Begriff des Seins" (conception of being) einführt, sondern zugleich der Zielpunkt des rekursiven Verfahrens, mittels dessen Peirce ausgehend vom „Begriff des Seins" (conception of being) die Kategorien ableitet. Die Strategie der von Peirce vorgeschlagenen Methode der Ableitung der Kategorien scheint demnach darin zu bestehen, mit dem Begriff des „unmittelbar Präsen-

---

[24]Vgl. Zitat und Analyse der hier ausgelassenen Passage in Kap. 5.2.2.

ten im allgemeinen" (the immediately present, in general) und dem „Begriff des Seins"
(conception of being) gleichsam die beiden Pole eines Begriffsfeldes aufzuspannen, in
dem sich alle möglichen Kategorien befinden müssen, um diese dann mittels eines rekursiven Verfahrens in ihrem systematischen Zusammenhang abzuleiten. Als Ergebnis
dieser Methode erhält Peirce dementsprechend eine „einheitliche Begriffskette" (uniform chain of conceptions), die sich „vom reinen Sein" (from pure being), d.h. vom
„Begriff des Seins" (conception of being), „zur Anschauung im allgemeinen" (to the
intuition in general), d.h. zum Begriff des „unmittelbar Präsenten im allgemeinen" (the
immediately present, in general), erstreckt.

Vergleicht man die „einheitliche Begriffskette" (uniform chain of conceptions), die
Peirce in der oben zitierten Passage ableitet, mit der „Stufenfolge universeller Begriffe",
die er in seinem nur wenige Monate später veröffentlichten Aufsatz ON A NEW LIST OF
CATEGORIES ableitet,[25] so stellt man fest, daß beide allem Anschein nach dasselbe
Kategoriensystem darstellen:

Pure being	BEING
reference to a ground	Quality (reference to a ground)
reference to a correlate	Relation (reference to a correlate)
reference to a correspondent	Representation (reference to an interpretant)
intuition in general	SUBSTANCE

Die schon allein durch die offensichtlichen terminologischen Analogien nahegelegte
Identität zwischen diesen beiden Kategoriensystemen wird durch Peirces inhaltliche
Bestimmung der darin verwendeten Begriffe bestätigt. Denn so wie Peirce in der oben
zitierten Passage unter dem Begriff der „Anschauung im allgemeinen" (intuition in
general) nichts anderes versteht als den Begriff des „unmittelbar Präsenten im allgemeinen" (the immediately present, in general), so versteht er in seinem Aufsatz ON A NEW
LIST OF CATEGORIES unter dem Begriff der „Substanz" (substance) nichts anderes als
den „Begriff des Präsenten im allgemeinen" (conception of the present, in general);[26]
und so wie er den „Begriff des Seins" (conception of being) in der oben zitierten Passage als die „Kraft der Kopula einer Proposition" charakterisiert und ihn dabei als einen
Begriff versteht, durch den die durch „Begriffe" geleistete Vereinigung der „Mannigfaltigkeit des unmittelbar Präsenten im allgemeinen" ihren Abschluß findet, so stellt er ihn
in seinem Aufsatz ON A NEW LIST OF CATEGORIES als einen Begriff dar, der „in der
Kopula impliziert ist" und als solcher „die Arbeit der Begriffe vollendet, das Mannigfaltige zur Einheit zu reduzieren".[27] Die Identität der drei „Bindeglieder" (links) der in
der oben zitierten Passage abgeleiteten „einheitlichen Begriffskette" (uniform chain of
conceptions) mit den Kategorien „Qualität" (Quality), „Relation" (Relation) und „Re-

---

[25]Vgl. ON A NEW LIST OF CATEGORIES, W2:49 [P32: 14.5.1867]: „[The] theory [upon which this
paper is based] gives rise to a conception of gradation among those conceptions which are universal."

[26]Vgl. ON A NEW LIST OF CATEGORIES, §3, W2:49 [P32: 14.5.1867]: „That universal conception
which is nearest to sense is that of *the present, in general*. [...] This conception of the present in general, or
IT in general, is rendered in philosophical language by the word 'substance' in one of its meanings."

[27]Vgl. ON A NEW LIST OF CATEGORIES, §4, W2:49f [P32: 14.5.1867]: „[T]hat which is implied in
the copula, or the conception of *being*, is that which completes the work of conceptions of reducing the
manifold to unity."

präsentation" (Representation) der „New List of Categories" wird sich uns dann bestätigen, wenn wir vergleichen, auf welche Weise sie jeweils abgeleitet werden.[28]

Tatsächlich zeigt der Vergleich zwischen dem Manuskript LOGIC CHAPTER I und dem späteren Aufsatz ON A NEW LIST OF CATEGORIES, daß Peirce nicht nur jeweils dasselbe Kategoriensystem ableitet, sondern dabei auch jeweils dieselbe Methode verwendet. Diese Methode ist ...

1.) eine Methode, welche den „*Begriff des Präsenten im allgemeinen*" *(conception of the present, in general)* und den „*Begriff des Seins*" *(conception of being)* als die beiden Pole des abzuleitenden Kategoriensystems voraussetzt,[29] und sie ist

2.) eine Methode, welche die drei zwischen diesen beiden Polen vermittelnden Kategorien ausgehend vom „Begriff des Seins" (conception of being) *mittels eines rekursiven Verfahren* ableitet.[30]

Während Peirce diese Methode in dem Manuskript LOGIC CHAPTER I vor dem Hintergrund seiner Kritik an den Methoden Kants und Hegels darstellt, stellt er sie in seinem späteren Aufsatz ON A NEW LIST OF CATEGORIES ohne explizite historische Referenzen, dafür aber inhaltlich ausführlicher dar.

Anknüpfend an die Ergebnisse der vorangegangenen Analysen werde ich im Folgenden darangehen, das Verständnis von Peirces Methode der Ableitung der Kategorien zu vertiefen. Ich werde zunächst einmal verdeutlichen, daß Peirce Kants „oberstes Prinzip alles Verstandesgebrauchs" als Ausgangspunkt der Ableitung der „New List of Categories" zugrundelegt, wenn er den „Begriff des Präsenten im allgemeinen" (conception of the present, in general) und den „Begriff des Seins" (conception of being) als die beiden Pole des abzuleitenden Kategoriensystems voraussetzt (Kap. 5.2.1). Daran anschließend werde ich dann zeigen, daß es sich bei dem rekursiven Verfahren, mittels dessen Peirce die drei zwischen diesen beiden Begriffen vermittelnden Kategorien der „New List of Categories" ableitet, genauer gesagt um ein *rekursiv-transzendentales* Verfahren handelt (Kap. 5.2.2). Dabei wird sich zugleich herausstellen, daß es sich bei diesem Verfahren nur *akzidentell* um ein Verfahren handelt, „welches die Kategorien von den Urteilsfunktionen ableitet". Vor diesem Hintergrund werde ich schließlich versuchen, eine Art 'Quintessenz' von Peirces Methode der Ableitung der Kategorien zu formulieren (Kap. 5.2.3).

5.2.1.
Das „oberste Prinzip alles Verstandesgebrauchs" als Ausgangspunkt der Ableitung der „New List of Categories"

Wir haben im Vorangegangenen festgestellt, daß Peirce Kants Methode, die Kategorien von den Urteilsfunktionen abzuleiten, unter anderem deswegen kritisiert, weil sie „jenen

[28]Vgl. Kap. 5.2.2.
[29]Vgl. ON A NEW LIST OF CATEGORIES, §§3&4, W2:49f [P32: 14.5.1867].
[30]Vgl. ON A NEW LIST OF CATEGORIES, §§6-9, W2:51ff [P32: 14.5.1867].

74

direkten Bezug zur [Einheit der Apperzeption] nicht erkennen [läßt], welcher allein den Kategorien Validität verschafft".[31] Wir haben darüberhinaus festgestellt, daß Peirce vor dem Hintergrund seiner Kritik an Kants Methode, die Kategorien von den Urteilsfunktionen abzuleiten, für eine Methode plädiert, „welche die Kategorien zwar von den Urteilsfunktionen ableitet, ihren Ausgangspunkt aber im reinen Sein hat". „Ihren Ausgangspunkt im reinen Sein" hat die von Peirce vorgeschlagene Methode aber, wie wir gesehen haben, insofern, als sie vom „Begriff des Seins" (conception of being) ausgeht. Die von Peirce vorgeschlagene Methode der Ableitung der Kategorien scheint daher den von Kants Methode nicht zu erkennen gegebenen Bezug der Kategorien zur „Einheit der Apperzeption" dadurch zu erkennen zu geben, daß sie vom „Begriff des Seins" (conception of being) ausgeht. Peirce scheint demnach Kants Voraussetzung der „Einheit der Apperzeption" nicht nur gelten zu lassen, sondern sie vermittels des „Begriffs des Seins" (conception of being) sogar zum Ausgangspunkt seiner Methode der Ableitung der Kategorien zu machen, um den für die Legitimation der Kategorien unverzichtbaren Bezug derselben zur „Einheit der Apperzeption" anders als Kant nicht erst durch eine nachträgliche „Transzendentale Deduktion" der schon zuvor abgeleiteten Kategorien, sondern unmittelbar durch die Methode der Ableitung der Kategorien selbst zum Ausdruck zu bringen.

Tatsächlich wird diese Vermutung durch die Darstellung bestätigt, die Peirce in der oben zitierten Passage von seiner Methode der Ableitung der Kategorien gibt. Diese These werde ich im Folgenden in zwei Schritten begründen. Ich werde 1.) zeigen, daß Peirce in der oben zitierten Passage Kants Voraussetzung der „Einheit der Apperzeption" als Ausgangspunkt seiner Methode der Ableitung der Kategorien zugrundelegt. Daran anknüpfend werde ich dann 2.) zeigen, daß Peirce in der oben zitierten Passage den „Begriff des Seins" (conception of being) als einen Begriff versteht, vermittels dessen die „Einheit der Apperzeption" Ausgangspunkt seiner Methode der Ableitung der Kategorien ist.

Ad 1.) Die Darstellung, die Peirce in der oben zitierten Passage von seiner Methode der Ableitung der Kategorien gibt, beginnt mit der These, daß die sinnliche Mannigfaltigkeit „unter der Einheit der Konsistenz vereinigt [sein bzw. werden] muß": „Sensation presents a manifold and this manifold must be conjoined under the unity of consistency". Diese These scheint zunächst einmal zwei verschiedene Interpretationen zuzulassen: sie scheint entweder zu besagen, daß die sinnliche Mannigfaltigkeit immer schon unter der „Einheit der Konsistenz" (unity of consistency) vereinigt *sein* muß, oder aber sie scheint zu besagen, daß die sinnliche Mannigfaltigkeit erst noch unter der „Einheit der Konsistenz" (unity of consistency) vereinigt *werden* muß. Peirces spätere Rede von der „finalen Einheit der Konsistenz" (final unity of consistency) scheint dabei die letztere dieser beiden Interpretationen zu favorisieren. Im Falle beider Interpretationen jedoch bleibt die *Notwendigkeit*, mit der die sinnliche Mannigfaltigkeit unter der „Einheit der Konsistenz" (unity of consistency) vereinigt sein bzw. werden *muß*, völlig unverständlich. Diese Notwendigkeit macht dagegen dann Sinn, wenn sie nach dem Vorbild der Notwendigkeit, mit der für Kant das „Ich denke" „alle meine Vorstellun-

[31]Vgl. Kap. 5.1.

gen begleiten *können* [muß]",[32] so verstanden wird, daß die sinnliche Mannigfaltigkeit unter der „Einheit der Konsistenz" (unity of consistency) vereinigt *gedacht werden können* muß. Mithin wird deutlich, daß Peirce hier ebenso wie an anderer Stelle unter der „Einheit der Konsistenz" (unity of consistency) nichts anderes als die „Einheit des *Ich denke*" (unity of the *I think*), d.h. nichts anderes als das versteht, was Kant als die „Einheit der Apperzeption" bezeichnet. Peirces spätere Rede von einer „finalen Einheit der Konsistenz" (final unity of consistency) bringt dementsprechend zum Ausdruck, daß für Peirce ebenso wie für Kant der *finalen* Einheit eines Mannigfaltigen, welches vereinigt gedacht *wird*, die *ursprüngliche* Einheit eines Mannigfaltigen vorausgeht, welches vereinigt gedacht *werden können muß*.

Ad 2.) Ausgehend von der These, daß die sinnliche Mannigfaltigkeit „unter der Einheit der Konsistenz vereinigt [sein bzw. werden] muß" (must be conjoined under the unity of consistency), führt Peirce in der oben zitierten Passage den „Begriff des Seins" (conception of being) als einen Begriff ein, durch den die durch „Begriffe" geleistete Vereinigung der „Mannigfaltigkeit des unmittelbar Präsenten im allgemeinen" ihren Abschluß findet. Offensichtlich aus diesem Grund charakterisiert er den „Begriff des Seins" (conception of being) gleich darauf als einen Begriff, „welcher die Einheit der Konsistenz *ist*" (which *is* the unity of consistency). Diese Charakterisierung scheint Peirce etwas später mit der Bemerkung wieder aufzugreifen, daß „[d]ie finale Einheit der Konsistenz [...] durch den Begriff des Seins gegeben [ist]" (The final unity of consistency is given by the conception of being). Mit der emphatischen Kursivschreibung des Verbs „ist" (is) scheint Peirce daher zum Ausdruck bringen zu wollen, daß der „Begriff des Seins" (conception of being) ein Begriff ist, durch den die „Einheit der Konsistenz" (unity of consistency) in Erscheinung tritt. Jedenfalls ist offensichtlich, daß Peirce den „Begriff des Seins" (conception of being) als einen Begriff versteht, der die „Einheit der Konsistenz" (unity of consistency) in irgendeiner Weise repräsentiert. Nun hatte sich aber zuvor herausgestellt, daß Peirce unter der „Einheit der Konsistenz" (unity of consistency) hier ebenso wie an anderer Stelle nichts anderes als die „Einheit des *Ich denke*" (unity of the *I think*), d.h. nichts anderes als das versteht, was Kant als die „Einheit der Apperzeption" bezeichnet. Peirce versteht den „Begriff des Seins" (conception of being) daher offensichtlich als einen Begriff, der die „Einheit der Apperzeption" in irgendeiner Weise repräsentiert. Diese These findet eine Bestätigung in dem Umstand, daß Peirce den „Begriff des Seins" (conception of being) als die „Kraft der Kopula einer Proposition" (force of the copula of a proposition) charakterisiert. Peirce ist nämlich ein zu guter Kenner der KRITIK DER REINEN VERNUNFT, um vor dem Hintergrund seiner Kritik an Kants Methode der Ableitung der Kategorien bei seinem Ansatz, die Kategorien ausgehend von dem so verstandenen „Begriff des Seins" (conception of being) abzuleiten, nicht an Kant Bemerkung gedacht zu haben, daß „das Verhältniswörtchen *ist* [...] die Beziehung [gegebener Erkenntnisse] auf die ursprüngliche Apperzeption und die notwendige Einheit derselben [bezeichnet]".[33] Tatsächlich läßt sich die Darstellung, die Peirce in der oben zitierten Passage von seiner Methode

---

[32]Vgl. KRITIK DER REINEN VERNUNFT, B 131.
[33]Vgl. KRITIK DER REINEN VERNUNFT, B 141f.

der Ableitung der Kategorien gibt, als ein Versuch verstehen, dem in dieser Bemerkung zum Ausdruck gebrachten Zusammenhang eine anschauliche Interpretation zu geben.

Mithin bestätigt sich die eingangs motivierte Vermutung, daß Peirce Kants Voraussetzung der „Einheit der Apperzeption" nicht nur gelten läßt, sondern sie vermittels des „Begriffs des Sein" (conception of being) sogar zum Ausgangspunkt seiner Methode der Ableitung der Kategorien macht, um den für die Legitimation der Kategorien unverzichtbaren Bezug derselben zur „Einheit der Apperzeption" anders als Kant nicht erst durch die nachträgliche „Transzendentale Deduktion" der schon zuvor abgeleiteten Kategorien, sondern unmittelbar durch die Methode der Ableitung der Kategorien selbst zum Ausdruck zu bringen. Dieses Ergebnis aber kommt der These gleich, daß Peirce Kants „oberstes Prinzip alles Verstandesgebrauchs" nicht nur gelten läßt, sondern es vermittels des „Begriffs des Seins" (conception of being) sogar zum Ausgangspunkt seiner Methode der Ableitung der Kategorien macht, denn Kants „oberstes Prinzip alles Verstandesgebrauchs" besteht in dem Grundsatz, „daß alles Mannigfaltige der Anschauung unter Bedingungen der ursprünglich-synthetischen Einheit der Apperzeption stehe".[34] Es stellt sich somit heraus, daß Peirce Kants „oberstes Prinzip alles Verstandesgebrauchs" als Ausgangspunkt der Ableitung der „New List of Categories" zugrundelegt, wenn er den „Begriff des Präsenten im allgemeinen" (conception of the present, in general) und den „Begriff des Seins" (conception of being) als die beiden Pole des abzuleitenden Kategoriensystems voraussetzt.[35]

5.2.2.
Das rekursiv-transzendentale Verfahren der Ableitung der „New List of Categories"

Das rekursive Verfahren, mittels dessen Peirce die drei zwischen dem „Begriff des Präsenten im allgemeinen" (conception of the present, in general) und dem „Begriff des Seins" (conception of being) vermittelnden Kategorien der „New List of Categories" ableitet, wird von Peirce am ausführlichsten in einem Manuskript mit dem Titel [ON A METHOD OF SEARCHING FOR THE CATEGORIES] beschrieben, welches als der noch ungekürzte Prototyp seines nur wenige Monate später veröffentlichten Aufsatzes ON A NEW LIST OF CATEGORIES gelten kann. Da Peirces dortige Darstellung dieses Verfahrens zugleich sehr schön die Kontinuität sichtbar werden läßt, die zwischen seiner oben zitierten Darstellung desselben in dem Manuskript LOGIC CHAPTER I einerseits und seiner Darstellung desselben in dem späteren Aufsatz ON A NEW LIST OF CATEGORIES andererseits besteht, seien diese drei Darstellungen desselben hier einander gegenübergestellt:

> If, therefore, we begin with the conception of being and ask what it is that it conjoins to that which is present, we shall have the first conception under it. Then if we ask what this conception conjoins to that which is present we shall

---

[34]Vgl. KRITIK DER REINEN VERNUNFT, B 136.
[35]Vgl. Kap. 6.

have the second conception. And we can proceed in this way until we finally arrive at the conception which directly combines together the immediately present, in general.

LOGIC CHAPTER I, W1:352 [MS115: Winter-Frühling 1866]

[I]f we begin with being and ask what it conjoins to substance, the answer will be easily obtained by observing the occasion of the introduction of being. Then the application to substance of this conception, which being joins to it, is the immediate justification and condition of the introduction of being, and is, therefore, the first conception in order in passing from being to substance. Now we may treat this conception in the same way in which we have treated being. That is, we may ask 1st what is the occasion of the introduction of this conception, 2nd What conception besides substance is required in such a state of cognition, which is joined to substance by the given conception. Then this second conception is the next conception in order in passing from being to substance. And we may repeat this process until we get to a conception which does not unite anything to substance but only brings the manifold of substance itself together, and this will be the last conception.

[ON A METHOD OF SEARCHING FOR THE CATEGORIES],
W1:520 [MS133: November-Dezember 1866]

[E]mpirical psychology discovers the occasion of the introduction of a conception, and we have only to ascertain what conception already lies in the data which is united to that of substance by the first conception, but which cannot be supposed without the first conception, to have he next conception in order in passing from being to substance.

ON A NEW LIST OF CATEGORIES, W2:51 [P32: 14.5.1867]

Der ausführlichsten dieser drei Darstellungen von Peirces rekursivem Verfahren der Ableitung der Kategorien zufolge, setzt sich die Operation, in deren rekursiver Anwendung dieses Verfahren besteht, aus zwei Schritten zusammen: der erste Schritt besteht darin, den „Anlaß der Einführung" (the occasion of the introduction) des jeweils zuletzt gewonnenen Begriffs zu ermitteln; der zweite Schritt besteht darin, zu bestimmen, „welcher Begriff neben Substanz in einem Kognitionszustand von der Art dessen erforderlich ist, der durch den gegebenen Begriff zur Substanz vereinigt wird" (What conception besides substance is required in such a state of cognition, which is joined to substance by the given conception). Peirce erläutert diese beiden Schritte zuvor am Beispiel des Begriffs „Sein" (being). Was den ersten Schritt betrifft, so geht aus diesem Beispiel hervor, daß Peirce den „Anlaß der Einführung" (the occasion of the introduction) des jeweils zuletzt gewonnenen Begriffs als etwas versteht, was wir „beobachten" (observe) können. Was den zweiten Schritt betrifft, so geht aus diesem Beispiel hervor, daß Peirce die jeweils als nächstes abzuleitende Kategorie insofern als einen Begriff versteht, welcher „in einem Kognitionszustand von der Art dessen erforderlich ist, der durch den gegebenen Begriff zur Substanz vereinigt wird", als dessen „Anwendung auf Substanz" (application to substance) die „unmittelbare Rechtfertigung und Bedingung der Einführung" (the immediate justification and condition of the introduction) der jeweils zuletzt gewonnenen Kategorie ist. Die Operation, in deren rekursiver Anwendung

Peirces rekursives Verfahren der Ableitung der Kategorien besteht, läßt sich demnach wie folgt formulieren:

1. Schritt: Ermittle im Rekurs auf die eigene Erfahrung den „Anlaß der Ein-führung" (the occasion of the introduction) der jeweils zuletzt ge-wonnenen Kategorie.

2. Schritt: Bestimme „durch Beobachtung" (by observing) dieses Anlasses, worin die „unmittelbare Rechtfertigung und Bedingung der Ein-führung" (the immediate justification and condition of the intro-duction) der jeweils zuletzt gewonnenen Kategorie besteht.

Mithin wird deutlich, daß Peirces rekursives Verfahren der Ableitung der Kategorien als ein *rekursiv-transzendentales, empirisches* Verfahren charakterisiert werden kann. *Rekursiv-transzendental* ist dieses Verfahren insofern, als die jeweils als nächstes abzuleitende Ka-tegorie durch die Beantwortung der Frage ermittelt wird, worin die „unmittelbare Rechtfertigung und Bedingung der Einführung" (the immediate justification and con-dition of the introduction) der jeweils zuletzt gewonnenen Kategorie besteht. *Empirisch* ist dieses Verfahren dagegen insofern, als diese Frage „durch Beobachtung" (by ob-serving) des „Anlasses der Einführung" (the occasion of the introduction) der jeweils zuletzt gewonnenen Kategorie beantwortet wird.

Nun hatten wir gesehen, daß Peirce in demjenigen Manuskript, dem die erste der drei oben zitierten Darstellungen seines rekursiven Verfahrens der Ableitung der Kate-gorien entnommen ist, die von ihm vorgeschlagene Methode als eine Methode charak-terisiert, „welche die Kategorien von den Urteilsfunktionen ableitet" (which derives the categories from the functions of judgment). Dagegen lassen die drei oben zitierten Dar-stellungen seines rekursiven Verfahrens der Ableitung der Kategorien einen Zusam-menhang zwischen Kategorien und Urteilsfunktionen allenfalls insofern erkennen, als die jeweils als nächstes abzuleitende Kategorie durch die Beantwortung der Frage er-mittelt wird, worin die „unmittelbare Rechtfertigung und Bedingung" (the immediate justification and condition) dafür besteht, daß die jeweils zuletzt gewonnenen Kategorie „eingeführt", d.h. von allen uns vorstellbaren Gegenständen ausgesagt werden kann. Von einer Ableitung der Kategorien von den Urteilsfunktionen kann demnach eigent-lich keine Rede sein. Mithin stellt sich die Frage, in welchem Sinne es sich bei der von Peirce vorgeschlagenen Methode nichtsdestotrotz um eine Methode handelt, „welche die Kategorien von den Urteilsfunktionen ableitet". Diese Frage läßt sich nur dann be-antworten, wenn wir uns vor Augen führen, auf welche Weise Peirce das in den drei oben zitierten Passagen dargestellte rekursive Verfahren der Ableitung der Kategorien vollzieht. Betrachten wir zu diesem Zweck alle drei Darstellungen dieses Vollzugs, um erneut zugleich die Identität des darin vollzogenen rekursiv-transzendentalen Ver-fahrens deutlich werden zu lassen:

> The final unity of consistency is given by the conception of being, which is the force of the copula of a proposition. It is a conception without content, that is, to say that A is, is to say nothing of it. On this account its introduction requires no justification but its own possibility. Its function is to conjoin the subject presented with the predicate, and it is therefore possible whenever there is a

predicate. Predication, therefore, or abstracting from reference to a mind, possession of character, is the first conception with content. Character is the ground of being; whatever is, is by being *somehow*, at least, so we must conceive the matter. Character is then always a ground, and as ground is also always a character; the two terms are coëxtensive. Reference to a ground i.e. possession of a character is not a conception given in the impressions of sense but is the result of generalization. Now generalization is from related things; so that the immediate function of reference to a ground is to unite relate and correlate, and hence its introduction is justified by the fact that without it reference to a correlate is unintelligible. Accordingly, reference to a correlate is the second conception with content. This conception is itself not given in sensation, but is the result of comparison. Now comparison is the determination of a representation by the medium of that which is present, in contradistinction to its determination simply by that which is present. For example, I put A into relation to B, when in contemplating A, I as it were see B through it. The representation determined by the medium of A may be called its *correspondent*. Then the immediate function of reference to a correlate is to conjoin that which is presented with its correspondent, and the introduction of the former conception is justified by the fact that only by it is the latter made representable. Accordingly reference to a correspondent is the third conception with content. This conception is itself not in what is immediately present in its elements. But it is directly applied to the immediately present in general; for the bringing of the elementary sensations together into a notion of the immediately present, in general, requires the introduction of the conception that this general represents its particulars, and in the conception of representation that of an image determined as correspondent is contained.

We have, then, a uniform chain of conceptions stretching from pure being to the intuition in general. [...]

LOGIC CHAPTER I, W1:352f [MS115: Winter-Frühling 1866]

§6. The Ground

The conception of *being* arises upon the formation of a proposition. A proposition, besides a term to express the substance, always has another to express the quality of that substance; and the function of the conception of being is to unite the quality to the substance. Quality, therefore, in its very widest sense, is the first conception in order in passing from being to substance.

[...]

The pure abstraction reference to which constitutes a quality may be called a ground, of the character of the substance which has the quality. [...]

§7. The Correlate[36]

All students of philosophy know that we can become aware of any quality only through the relation of its subject of inhesion to something else; and it is an equally familiar fact that no relation can have place without a quality or reference to a *ground*. The occasion of the introduction of reference to a ground, therefore, is generalization or contrast.

---

[36]Fußnote Nr. 2 in Peirces Manuskript: „2. This section should be enlarged and rewritten."

In generalization or contrast, the primary substance has annexed to it a correlate. Reference to a correlate, then, is the next conception in order after reference to a ground. [...]

§8. The Interpretant

Reference to a correlate is clearly justified and made possible solely by comparison. Let us inquire, then, in what comparison consists. Suppose we wish to compare L and Γ; we shall imagine one of these letters to be turned over upon the line on which it is written as an axis; we shall then imagine that it is laid upon the other letter and that it is transparent so that we can see that the two coincide. In this way, we shall form a new image which mediates between the two letters, in as much as it represents one when turned over to be an exact likeness of the other. Suppose, we think of a murderer as being in relation to a murdered person; in this case we conceive the act of the murder, and in this conception it is represented that corresponding to every murderer (as well as to every murder) there is a murdered person; and thus we resort again to a mediating representation which represents the relate as standing for a correlate with which the mediating representation is itself in relation. Suppose, we look out the word *homme* in a French dictionary; we shall find opposite to it the word *man*, which, so placed, represents *homme* as representing the same two-legged creature which *man* itself represents. In a similar way, it will be found that every comparison requires, beside the related thing, the ground and the correlate, also a *mediating representation which represents the relate to be a representation of the same correlate which this mediating representation itself represents.* Such a mediating representation, I call an *interpretant*, because it fulfills the office of an interpreter who says that a foreigner says the same thing which he himself says.

[...]

Reference to an interpretant is rendered possible and justified by that which renders possible and justifies comparison. But this is clearly the diversity of impressions. It is plain, that if we had but one impression, this impression would not require to be reduced to unity, and would, therefore, not need to be thought of as referred to an interpretant and the conception of reference to an interpretant would not arise. But the moment there are several impressions, that is a manifoldness of impression, we have a feeling of complication or confusion, which leads us to differentiate this impression from that, and they require to be brought to unity. Now they are not brought to unity until we conceive them as being *ours*, that is, until we refer them to a conception as their interpretant. Thus the reference to an interpretant arises upon the holding together of diverse impressions, and therefore it does not join a conception to the substance, as the other two references do, but unites directly the manifold of the substance, itself. It is therefore the last conception in order, in passing from *being* to *substance*.

[ON A METHOD OF SEARCHING FOR THE CATEGORIES],
W1:521ff [MS133: November-Dezember 1866]

§7. The conception of *being* arises upon the formation of a proposition. A proposition always has, besides a term to express the substance, another to express the quality of that substance; and the function of the conception of being is to unite the quality to the substance. Quality, therefore, in its very widest sense, is the first conception in order in passing from being to substance.

[...] Such a pure abstraction [as blackness], reference to which constitutes a *quality* or general attribute, may be termed a *ground.*

[...]

§8. Empirical psychology has established the fact that we can know a quality only by means of its contrast with or similarity to another. By contrast and agreement a thing is referred to a correlate, if this term may be used in a wider sense than usual. The occasion of the introduction of the conception of reference to a ground is the reference to correlate, and this is, therefore, the next conception in order.

[...]

§9. The occasion of reference to a correlate is obviously by comparison. This act has not been sufficiently studied by the psychologists, and it will, therefore, be necessary to adduce some examples to show in what it consists. Suppose we wish to compare the letters p and b. We may imagine one of them to be turned over on the line of writing as an axis, then laid upon the other, and finally to become transparent so that the other can be seen through it. In this way we shall form a new image which mediates between the images of the two letters, inasmuch as it represents one of them to be (when turned over) the likeness of the other. Again, suppose we think of a murderer as being in relation to a murdered person; in this case we conceive the act of the murder, and in this conception it is represented that corresponding to every murderer (as well as to every murder) there is a murdered person; and thus we resort again to a mediating representation which represents the relate as standing for a correlate with which the mediating representation is itself in relation. Again, suppose we look out the word *homme* in a French dictionary; we shall find opposite to it the word *man*, which, so placed, represents *homme* as representing the same two-legged creature which *man* itself represents. By a further accumulation of instances, it would be found that every comparison requires, besides the related thing, the ground, and the correlate, also a *mediating representation which represents the relate to be a representation of the same correlate which this mediating representation itself represents.* Such a mediating representation may be termed an *interpretant*, because it fulfills the office of an interpreter, who says that a foreigner says the same thing which he himself says. The term „representation" is here to be understood in a very extended sense, which can be explained by instances better than by definition. In this sense, a word represents a thing to the conception in the mind of the hearer, a portrait represents the person for whom it is intended to the conception of recognition, a weathercock represents the direction of the wind to the conception of him who understands it, a barrister represents his client to the judge and jury whom he influences.

Every reference to a correlate, then, conjoins to the substance the conception of a reference to an interpretant; and this is, therefore, the next conception in order in passing from being to substance.

[...]

§10. Reference to an interpretant is rendered possible and justified by that which renders possible and justifies comparison. But that is clearly the diversity of impressions. If we had but one impression, it would not require to be reduced to unity, and would therefore not need to be thought of as referred to an interpretant, and the conception of reference to an interpretant would not arise. But since there is a manifold of impressions, we have a feeling of complication or confusion, which leads us to differentiate this impression from that, and then, having been differentiated, they require to be brought to unity. Now they are not brought to unity until we conceive them together as *ours*, that is, until we refer them to a conception as their interpretant. Thus, the reference to an interpretant arises upon the holding together of diverse impressions, and therefore it does not join a conception to the substance, as the other two references do, but unites directly the manifold of the substance itself. It is, therefore, the last conception in order in passing from being to substance.

ON A NEW LIST OF CATEGORIES, W2:52-54 [P32: 14.5.1867]

An Peirces Vollzug seines rekursiv-transzendentalen Verfahrens der Ableitung der Kategorien wird offensichtlich, daß es sich bei Peirces Methode der Ableitung der Kategorien nur insofern um eine Methode handelt, „welche die Kategorien von den Urteilsfunktionen ableitet" (which derives the categories from the functions of judgment), als Peirce den „Anlaß der Einführung" (occasion of the introduction) des „Begriffs des Seins" (conception of being) in der „Bildung einer Proposition" (formation of a proposition) bestimmt und mithin die ausgehend von dem „Begriff des Seins" (conception of being) abgeleitete Kategorie der „Qualität" (Quality) von der Urteilsfunktion des Prädikats einer Proposition ableitet. Dagegen sind die Kategorien „Relation" (Relation) und „Repräsentation" (Representation) nur mittelbar, nämlich nur insofern von Urteilsfunktionen abgeleitet, als die Kategorie der „Qualität" (Quality), von der ausgehend sie abgeleitet sind, von einer Urteilsfunktion abgeleitet ist. Mithin wird deutlich, daß es sich bei Peirces Methode der Ableitung der Kategorien nur *akzidentell* um eine Methode handelt, „welche die Kategorien von den Urteilsfunktionen ableitet". Erstens nämlich ist die Tatsache, daß Peirce den „Anlaß der Einführung" des „Begriffs des Seins" (conception of being) in der „Bildung einer Proposition" bestimmt, keineswegs durch diese Methode selbst vorgegeben. Zweitens ist es durchaus nicht zwingend, den „Anlaß der Einführung" des „Begriffs des Seins" (conception of being) in der „Bildung einer Proposition" zu bestimmen. Denn so wie der Begriff der „Substanz" (substance) zwar als „Objektivierung" (objectification) des Subjekts einer Proposition verstanden werden könnte, von Peirce aber geradewegs als der „Begriff des Präsenten im allgemeinen" (conception of the present, in general) eingeführt wird, so kann auch der „Begriff des Seins" (conception of being) eingeführt werden, ohne als „Objektivierung" (objectification) der Kopula einer Proposition verstanden werden zu müssen. Tatsächlich haben wir zuvor bereits gesehen, daß Peirce in demjenigen Manuskript, dem die erste der drei oben zitierten Passagen entnommen ist, den „Begriff des Seins" (conception of being) nicht sofort mit der „Kopula einer Proposition" in Verbindung bringt, sondern ihn ursprünglich als einen Begriff einführt, der „genauso, wie" (precisely as) der „Begriff eines lichtleitenden Äthers" (conception of a luminiferous ether) die „Mannigfaltigkeit optischer Phänomene" (manifold of optical phenomena) „miteinander in Einklang bringt" (reduce to harmony), die „Mannigfaltigkeit des unmittelbar Präsenten im allgemeinen" (the manifold of the immediately present, in general) „miteinander verbindet" (combines).

Die Tatsache, daß es sich bei Peirces Methode der Ableitung der Kategorien nur *akzidentell* um eine Methode handelt, „welche die Kategorien von den Urteilsfunktionen ableitet" (which derives the categories from the functions of judgment), wird insbesondere dann offensichtlich, wenn wir die ursprüngliche Intuition zur Kenntnis nehmen, die dieser Methode zugrundeliegt. Diese ursprüngliche Intuition, die zugleich deutlicher als Peirces spätere Darstellungen dieser Methode erkennen läßt, worauf diese Methode letztlich hinausläuft, findet sich in den folgenden drei Passagen dokumentiert, die allesamt dem gleichen Manuskript angehören und daher offensichtlich Varianten desselben Abschnitts dieses Manuskripts sind:

[More on the Categories (A)]

The universal hypothesis which we are forced always to make is of a substance, that there is something which *is*. This necessity is the first law of the understanding and its product is the first category.

Next we find by induction that whatever is, is of some kind; whence we say that were it not of some kind there would be no necessity of supposing that it is. Thus we attain the notion of Quality, which is the second Category and the First order of mark. What is, must have a *ground* for being.

Next we find also by induction, that of whatever kind any thing is, it is in regard to something else; whence we say Quality is the outward of a thing and could not be were there nothing without. Thus we attain the notion of Relation, which is the third category and the second order of mark. What is, must not only have a ground for being, but an *object*. Is anything blue, there must be something which is not so, so that it is blue relatively to that. [...]

Next we find by induction that whatever is of a certain kind in comparison to another, is so for somebody; hence we say that comparison supposes that someone makes a comparison. Thus we get the notion of Representation which is the third order of mark, and the fourth Category. What is, must not only have a ground and an object, but also a *subject*. Blueness, supposes not merely something not blue, but also, the word which expresses - or as we may say perceives - the distinction. [...]

[More on the Categories (B)]

The general explanation which is usually given of all things is that there is some substratum, of which they are only phenomena. The hypothesis is only that there is that which *is*.

Everything has some character. This should be the first grand Induction of abstract science. Had anything no character, what would be the necessity of supposing it to be? If none the truth of this induction is the condition of the validity of our first hypothesis, although it is only in the light of that result that this can be attained. To explain this relation, we say that whatever is must have a *ground* for being; that is, it must have qualities or marks and it is only in virtue of them that it is.

Everything stands in relation to something. This is the second grand induction. Were anything not in comparison with something, what character would it have? If none, the truth of our second induction is the condition of the validity of the first; although it can only be made after the first. To explain this we say that, whatever has a ground must have an *object*.

Everything may be comprehended or more strictly translated by something; that is has something which is capable of such a determination as to stand for something through this thing; somewhat as the pollen-grain of a flower stands to the ovule which it penetrates for plant from which it came since it transmits the peculiarities of the latter. In somewhat the same sense, though not to the same degree, everything is a medium between something and something. Everything has a relation to something which relation has a character which corresponds in some degree to the relation of the first thing to something. This is the third grand Induction. That to which a thing stands for something is that which brings the thing into comparison with that for which it stands. Now, were a thing not brought into comparison with anything, how would it be in comparison with anything? If not at all, then the truth of this third Induction is the condition of the validity of the second, though its enunciation supposes the latter. Hence we infer, that whatever is in relation to an *object* must have a *subject*, which is that which it determines in respect to its object.

[...]

[More on the Categories (C)]

The first conception of all is that of substance or that which *is*.

Whatever is is of some kind; were it not of some sort there would be no necessity for supposing it to be. This conception, therefore, of Internal Mark - or Quality (which is the same, objectified) - is the generalization of that which receives its physical explanation by the hypothesis that it is, though it is a generalization which can only be made in the light of the theory of *substance*. It is therefore a new law; namely, that whatever is must have a *ground* or general essence. This ground, to which being such and such is reference to, when prescinded from this reference is a pure form or idea.

Of whatever kind anything is, it is in comparison with something else; Quality is only the outside of substance and implies therefore something without. This notion which appears as Relation or Act - according as it is viewed subjectively or objectively, is a second generalization which that of Quality enables us to make. What is must not only have a *ground* but also and therefore, an *object*. This *object*, regarded abstractly, is matter.

In whatever relation anything is, it is for some purpose, effect, or actuality; if nobody should make a comparison the comparison would not be made. This notion of representation or purpose - according as it is taken as logical or real - is a third generalization which succeeds to that of Relativity. What is, and has a *ground*, since it has also an *object*, has in the third place a *subject*. This *subject*, which must not be supposed to be a mind though it may be a human representation, and which is only that which is determined by the representation to agree with it in its reference to the object on that ground, - this subject is an abstraction which philosophers have left too much out of account.

[...]

LOGIC OF THE SCIENCES, W1:331ff [MS113: Herbst-Winter 1865]

Die hier dargestellte Methode der Ableitung der Kategorien ist offensichtlich im wesentlichen identisch mit der Methode, die Peirce in den zuvor diskutierten Passagen dargestellt hat. Ähnlich wie diese ist sie nämlich eine Methode, welche die Begriffe

„Substanz" (substance) und „Sein" (being) als Kategorien vorausgesetzt und die drei restlichen Kategorien „Qualität" (Quality), „Relation" (Relation) und „Repräsentation" (Representation) dann ausgehend vom Begriff des „Seins" mittels eines rekursiv-transzendentalen, empirischen Verfahrens ableitet, welches darin besteht, „durch Induktion" (by induction) die „Bedingung der Validität" (condition of the validity) der jeweils zuletzt abgeleiteten Kategorie zu ermitteln. Sie ist jedoch offensichtlich in keinerlei Hinsicht eine Methode, „welche die Kategorien von den Urteilsfunktionen ableitet". Mithin bestätigt sich die These, daß es sich bei Peirces Methode der Ableitung der Kategorien nur *akzidentell* um eine Methode handelt, „welche die Kategorien von den Urteilsfunktionen ableitet".

<h3 style="text-align:center">5.2.3.
Die 'Quintessenz' von Peirces Methode der Ableitung der
„New List of Categories"</h3>

Die vorangegangene Analyse von Peirces Methode der Ableitung der Kategorien kann und will nicht beanspruchen, sämtliche Fragen zu beantworten, die sich angesichts dieser Methode stellen. Ihr vorrangiges Ziel bestand vielmehr lediglich darin, die wesentlichen Strukturmomente dieser Methode freizulegen. Dabei hat sich herausgestellt, daß diese Methode zwei wesentliche Strukturmomente aufweist, nämlich 1.) die Voraussetzung der Kategorien „Substanz" (Substance) und „Sein" (Being) als die beiden Pole des abzuleitenden Kategoriensystems und 2.) die Ableitung der restlichen Kategorien ausgehend vom „Begriff des Seins" (conception of being) mittels eines rekursiv-transzendentalen, empirischen Verfahrens, welches darin besteht, „durch Beobachtung" (by observing) des „Anlasses der Einführung" (occasion of the introduction) der jeweils zuletzt gewonnenen Kategorie die „unmittelbare Rechtfertigung und Bedingung der Einführung" (immediate justification and condition of the introduction) dieser Kategorie zu ermitteln. Um nun aber die Legitimität der so charakterisierten Methode auszuweisen, muß sie noch auf die Definition einer Kategorie zurückbezogen werden, die sich auf der Grundlage der 'phänomenologischen Reduktion' von Kants Unterscheidung zwischen Prinzipien a priori der „Sinnlichkeit" und des „Verstandes" ergibt. Das, als was sich diese Methode ausgehend von dieser Definition darstellt, kann dann als die 'Quintessenz' von Peirces Methode der Ableitung der Kategorien gelten.

Unter einer Kategorie ist gemäß der Definition, die sich auf der Grundlage der 'phänomenologischen Reduktion' von Kants Unterscheidung zwischen Prinzipien a priori der „Sinnlichkeit" und des „Verstandes" ergibt, ein elementares Prädikat zu verstehen, das von jedem uns vorstellbaren Gegenstand ausgesagt werden kann. Auf der Grundlage dieser Definition kommt die Voraussetzung der beiden Kategorien „Substanz" (Substance) und „Sein" (Being) den beiden Thesen gleich, daß jeder uns vorstellbare Gegenstand eine „Substanz" (substance) ist und „Sein" (being) besitzt. Diese beiden Thesen sind aber offensichtlich analytische Urteile. Zum einen nämlich versteht Peirce unter „Substanz" (substance) nichts anderes als den „Begriff des Präsenten im allgemeinen" (the conception of *what is present in general*) und zum anderen bedeutet

„Sein" (being) zu besitzen für Peirce letztlich nichts anderes als vorstellig bzw. präsent sein zu können. Es kann daher nicht überraschen, daß Peirce diese beiden, von ihm selbst als „bedeutungs-" bzw. „inhaltsleer"[37] charakterisierten Kategorien später nicht mehr erwähnt, so daß sich das ursprünglich fünfstellige Kategoriensystem der „New List of Categories" auf das dreistellige Kategoriensystem der Kategorien „Qualität" (Quality), „Relation" (Relation) und „Repräsentation" (Representation) reduziert, welches dem späterem, numerisch definierten Kategoriensystem der Kategorien „Erstheit" (Firstness), „Zweitheit" (Secondness) und „Drittheit" (Thirdness) korrespondiert.

Auf der Grundlage der sich aus der 'phänomenologischen Reduktion' von Kants Unterscheidung zwischen Prinzipien a priori der „Sinnlichkeit" und des „Verstandes" ergebenden Definition einer Kategorie erweist sich die Voraussetzung der beiden Kategorien „Substanz" (Substance) und „Sein" (Being) aber nicht nur als analytisch, sondern auch als methodisch überflüssig. Die Ableitung der weiteren Kategorien mittels des von Peirce beschriebenen rekursiv-transzendentalen Verfahrens kann nämlich auf dieser Grundlage auch ohne diese Voraussetzung in Gang gesetzt und zum Abschluß gebracht werden. Was das erstere betrifft, so ist es offensichtlich einerlei, ob wir zunächst das analytische Urteil treffen, daß jeder uns vorstellbare Gegenstand etwas ist, was *ist*, und dann die These, daß alles, was *ist*, eine „Qualität" (quality) besitzt, mit dem Argument begründen, daß wir uns kein Seiendes ohne irgendwelche Eigenschaften vorstellen können, oder ob wir unmittelbar die These, daß jeder uns vorstellbare Gegenstand eine „Qualität" (quality) besitzt, mit dem Argument begründen, daß wir uns keinen Gegenstand ohne irgendwelche Eigenschaften vorstellen können. Was dagegen das letztere betrifft, so ist der Umstand, daß das von Peirce beschriebene rekursiv-transzendentale Verfahren der Ableitung der Kategorien mit der Ableitung der Kategorie der „Repräsentation" (Representation) zum Abschluß kommt, schon in Peirces eigener Darstellung dieses Verfahrens unabhängig von der Voraussetzung der Kategorien „Substanz" (Substance) und „Sein" (Being). Mithin wird deutlich, daß es auf der Grundlage der sich aus Peirces 'Dekonstruktion' von Kants Unterscheidung zwischen Prinzipien a priori der „Sinnlichkeit" und des „Verstandes" ergebenden Definition einer Kategorie lediglich des von Peirce beschriebenen rekursiv-transzendentalen Verfahrens bedarf, um die Kategorien abzuleiten. In diesem Verfahren allein besteht demnach die 'Quintessenz' von Peirces Methode der Ableitung der Kategorien.

Diese 'Quintessenz' von Peirces Methode der Ableitung der Kategorien läßt sich stark vereinfacht dargestellt auf folgende Weise vollzogen denken:

- Jeder uns vorstellbare Gegenstand besitzt eine *„Qualität" (quality)*, weil wir uns keinen Gegenstand ohne irgendwelche Eigenschaften vorstellen können.

- Jeder uns vorstellbare Gegenstand steht in der dyadischen Beziehung der *„Relation" (relation)* zu einem anderen uns vorstellbaren Gegenstand, weil wir uns die „Qualität" (quality) eines Gegenstands nur relativ zu einem anderen Gegenstand vorstellen können.

---

[37]Vgl. ON A NEW LIST OF CATEGORIES, §§3&4, W2:49f [P32: 14.5.1867]: „[T]he conception of *what is present in general*, [...], has no connotation", bzw.: „The conception of being, [...], has no content".

- Jeder uns vorstellbare Gegenstand steht in der triadischen Beziehung der „Repräsentation" *(representation)* zu zwei anderen uns vorstellbaren Gegenständen, d.h. er ist „Zeichen" (sign) eines „Objekts" (object) in Bezug auf einen „Interpretanten" (interpretant), weil wir uns die „Relation" (relation) eines Gegenstands zu einem anderen Gegenstand nur im Rekurs auf einen dritten Gegenstand vorstellen können, mittels dessen diese beiden Gegenstände in „Relation" (relation) zueinander gebracht werden.

- Die Mannigfaltigkeit aller uns vorstellbaren Gegenstände muß in einem Zusammenhang stehen, der nicht selbst Ergebnis der Vermittlung durch einen uns vorstellbaren Gegenstand ist. Zwei Gegenstände können nämlich nur dann mittels eines dritten Gegenstands in „Relation" (relation) zueinander gebracht werden, wenn alle drei Gegenstände in einem Zusammenhang stehen, der nicht seinerseits erst durch die Vermittlung eines weiteren Gegenstandes gestiftet werden muß.

- Mit dem zuletzt genannten Grundsatz kommt das rekursiv-transzendentale Verfahren der Ableitung der Kategorien zu seinem Abschluß. Jeder als Bedingung der Möglichkeit dieses Grundsatzes angeführte Sachverhalt würde nämlich entweder selbst diesem Grundsatz unterstehen müssen oder aber die Grenzen des Vorstellbaren übersteigen. Dieser Grundsatz kann daher als das *„oberste Prinzip alles Verstandesgebrauchs"* gelten.[38]

Man beachte, daß sich die Bedeutung der drei auf diese Weise abgeleiteten Kategorien „Qualität" (Quality), „Relation" (Relation) und „Repräsentation" (Representation) zunächst einmal ausschließlich durch das rekursiv-transzendentale Verfahren ihrer Ableitung definiert. Sie sind daher allesamt in einem Sinn zu verstehen, der mehr oder weniger stark über das hinausgeht, was gemeinhin unter diesen Begriffen verstanden wird.[39] Dies gilt insbesondere für den Begriff der „Repräsentation" (representation), welcher hier nichts weiter bezeichnet als eine triadische Relation zwischen drei uns vorstellbaren Gegenständen.[40] Unter dem „Interpretanten" (interpretant) einer „Repräsentation" (representation) ist nämlich nicht etwa ein Bewußtsein zu verstehen, dem ein Gegenstand in „Relation" (relation) zu einem anderen Gegenstand präsent ist, sondern dasjenige, *wodurch* einem Bewußtsein ein Gegenstand in „Relation" (relation) zu einem anderen Gegenstand präsent ist. Dies kann sowohl ein 'innerer' als auch ein 'äußerer' Gegenstand sein,[41] ja dies kann im Extremfall auch das Bewußtsein selbst sein, sofern es sich selbst zum Gegenstand macht.

---

[38]Vgl. Kap. 6.

[39]Vgl. die oben zitierte Passage aus dem Aufsatz ON A NEW LIST OF CATEGORIES, in der Peirce jeweils explizit betont, daß der Begriff „Qualität" (quality) „in seinem allerweitesten Sinne" (in its very widest sense), der Begriff „Relation" (relation) „in einem weiteren Sinne als üblich" (in a wider sense than usual) und der Begriff „Repräsentation" (representation) „in einem sehr erweiterten Sinne" (in a very extended sense) zu verstehen ist.

[40]Vgl. Peirces spätere Definition eines „Zeichens" (sign), zitiert im Appendix, Item 4.

[41]Vgl. die oben zitierte Passage aus dem Aufsatz ON A NEW LIST OF CATEGORIES, in der Peirce als Beispiele für „Interpretanten" (interpretants) neben 'inneren' Gegenständen, wie z.B. einem imagi-

5.3.
Exkurs:
Die „New List of Categories"
als Basis eines Systems von Zeichenklassen

Das mittels seines rekursiv-transzendentalen Verfahrens abgeleitete System der drei Kategorien „Qualität" (Quality) bzw. „Erstheit" (Firstness), „Relation" (Relation) bzw. „Zweitheit" (Secondness) und „Repräsentation" (Representation) bzw. „Drittheit" (Thirdness) bildet für Peirce die Basis eines Systems von Zeichenklassen. Dieser Zusammenhang wird von Peirce schon in seinem Aufsatz ON A NEW LIST OF CATEGORIES skizziert,[42] kommt aber erst in Peirces Spätwerk zur vollen systematischen Entfaltung.[43] Im Folgenden werde ich mich darauf beschränken, zunächst kurz den Grund dafür zu benennen, daß auf der Grundlage von Peirces dreistelligem Kategoriensystem ein System von Zeichenklassen entwickelt werden kann, und dann einen ersten Eindruck von der Struktur dieses Systems zu vermitteln, soweit es von Peirce selbst entwickelt worden ist.

Der Grund dafür, daß auf der Grundlage von Peirces dreistelligem Kategoriensystem ein System von Zeichenklassen entwickelt werden kann, wird dann offensichtlich, wenn wir zum einen bedenken, daß ein Kategoriensystem *per definitionem* auf jeden uns vorstellbaren Gegenstand anwendbar ist, und wenn wir zum anderen bedenken, daß sowohl die Relate als auch die Teilrelationen der triadischen Zeichenrelation ihrerseits als Gegenstände betrachtet werden können, auf die Peirces dreistelliges Kategorienschema angewendet werden kann. Dann nämlich wird offensichtlich, daß *durch rekursive Anwendung des dreistelligen Kategorienschemas auf die Relate und Teilrelationen der triadischen Zeichenrelation* ein sich potentiell bis ins Unendliche verzweigendes System von Zeichenklassen entwickelt werden kann. Wie dies zu verstehen ist und zu welchem Ergebnis es führt, läßt sich sehr schön anhand von Peirces verschiedenen Darstellungen eines Systems von Zeichenklassen veranschaulichen.

In seinem Aufsatz ON A NEW LIST OF CATEGORIES entwickelt Peirce das auf der Grundlage seines dreistelligen Kategoriensystems ableitbare System von Zeichenklassen nur soweit, wie es ihm zur Definition des Gegenstands von Logik und zur Grundlegung eines Systems logischer Formen nötig erscheint.[44] Er nimmt daher lediglich die Teilrelation zwischen „Zeichen" (sign) und „Objekt" (object) der triadischen Zeichenrelation in den Blick und unterscheidet diesbezüglich drei verschiedene Klassen von

---

nierten „Bild" (image) und einem „Gedanken" (conception in the mind), auch 'äußere' Gegenstände, wie z.B. das geschriebene Wort „Mensch" (man) und „Richter und Geschworene" (judge and jury), benennt.

[42]Vgl. ON A NEW LIST OF CATEGORIES, §§14f, W2:55ff [P32: 14.5.1867].

[43]Vgl. insbesondere NOMENCLATURE AND DIVISION OF TRIADIC RELATIONS, AS FAR AS THEY ARE DETERMINED, CP2.233ff [G-1903-2c], sowie die beiden diesbezüglichen Briefe Peirces an Victoria Lady Welby, SS32ff [12.10.1904] und SS83ff [23.12.1908].

[44]Vgl. ON A NEW LIST OF CATEGORIES, §§14f, W2:55ff [P32: 14.5.1867].

„Zeichen" (signs): erstens *„Abbilder" (Likenesses)*, d.h. Zeichen, „deren Relation zu ihren Objekten in einer bloßen Gemeinsamkeit bezüglich irgendeiner Qualität besteht" (whose relation to their objects is a mere community in a quality); zweitens *„Indizes" (Indices)*, d.h. Zeichen, „deren Relation zu ihren Objekten in einer faktischen Korrespondenz besteht" (whose relation to their objects consists in a correspondence in fact); und drittens *„Symbole" (Symbols)*, d.h. Zeichen, „deren Relation zu ihren Objekten in einer unterstellten Eigenschaft besteht" (whose relation to their objects is an imputed character). Nachdem Peirce auf dieser Grundlage „Logik" (logic) im Gegensatz zu „Formaler Grammatik" (formal grammar) und „Formaler Rhetorik" (formal rhetoric) als diejenige Wissenschaft definiert hat, welche „vom Bezug von Symbolen im allgemeinen auf ihre Objekte" bzw. „von den formalen Bedingungen der Wahrheit von Symbolen" handelt, legt er den Grundstein zu einem System logischer Formen, indem er drei Klassen von „Symbolen" (Symbols) unterscheidet: erstens „Terme" (terms), zweitens „Propositionen" (propositions) und drittens „Argumente" (arguments). Er bringt dieses System daraufhin noch weiter zur Entfaltung, indem er drei Klassen von „Argumenten" (arguments) unterscheidet: erstens „Hypothesen" (hypotheses), zweitens „Induktionen" (inductions) und drittens „deduktive Argumente" (deductive arguments). Schließlich beendet Peirce seine Darstellung des auf der Grundlage seines dreistelligen Kategoriensystems entwickelten Systems logischer Formen mit dem Hinweis, daß drei Klassen referentieller Funktionen von „Symbolen" (Symbols) unterschieden werden können: erstens „Denotation" (denotation), zweitens „Konnotation" (connotation) und drittens „Information" (information).

Die Entfaltung des auf der Grundlage des dreistelligen Kategoriensystems ableitbaren Systems von Zeichenklassen bleibt in Peirces Werk über Jahrzehnte hinweg dem Ziel untergeordnet, ein System logischer Formen abzuleiten, und mithin im wesentlichen auf die bereits in dem Aufsatz ON A NEW LIST OF CATEGORIES abgeleiteten Zeichenklassen beschränkt. Erst im Zusammenhang mit der LOWELL LECTURE OF 1903 wird die Entfaltung des Systems von Zeichenklassen für Peirce zum Selbstzweck. Die folgende Passage aus einem Manuskript mit dem Titel NOMENCLATURE AND DIVISION OF TRIADIC RELATIONS, AS FAR AS THEY ARE DETERMINED vermittelt einen sehr guten Eindruck davon, wieweit die Entfaltung dieses Systems zu diesem Zeitpunkt gediehen ist:

> Signs are divisible by three trichotomies; first, according as the sign in itself is a mere quality, is an actual existent, or is a general law; secondly, according as the relation of the sign to its object consists in the sign's having some character in itself, or in some existential relation to that object, or in its relation to its interpretant; thirdly, according as its Interpretant represents it as a sign of possibility or as a sign of fact or a sign of reason.
>
> According to the first division, a Sign may be termed a *Qualisign*, a *Sinsign*, or a *Legisign*.
> [...]
> According to the second trichotomy, a Sign may be termed an *Icon*, an *Index*, or a *Symbol*.
> [...]

According to the third trichotomy, a Sign may be termed a *Rheme*, a *Dicisign* or *Dicent Sign* (that is, a proposition or quasi-proposition), or an *Argument*.

[...]

The three trichotomies of Signs result together in dividing Signs into *TEN CLASSES OF SIGNS*, of which numerous subdivision have to be considered. The ten classes are as follows:

First: A Qualisign (e.g., a feeling of 'red') [...]

Second: An Iconic Sinsign (e.g., an individual diagram) [...]

Third: A Rhematic Indexical Sinsign (e.g., a spontaneous cry) [...]

Fourth: A Dicent Sinsign (e.g., a weathercock) [...]

Fifth: An Iconic Legisign (e.g., a diagram, apart from its factual individuality) [...]

Sixth: A Rhematic Indexical Legisign (e.g., a demonstrative pronoun) [...]

Seventh: A Dicent Indexical Legisign (e.g., a street cry) [...]

Eighth: A Rhematic Symbol or Symbolic Rheme (e.g., a common noun) [...]

Ninth: A Dicent Symbol, or ordinary Proposition, [...]

Tenth: An Argument [...]

NOMENCLATURE AND DIVISION OF TRIADIC RELATIONS,
AS FAR AS THEY ARE DETERMINED, CP2.243ff [G-1903-2c]

Obgleich Peirce hier drei Trichotomien unterscheidet, mittels derer „Zeichen" (Signs) klassifiziert werden können, resultiert diese Klassifikation nicht in siebenundzwanzig, sondern nur in zehn Zeichenklassen, da aufgrund der Struktur der triadischen Zeichenrelation nicht alle Kombinationen möglich sind.[45] Vergleichen wir dieses System von Zeichenklassen mit dem in seinem Aufsatz ON A NEW LIST OF CATEGORIES dargestellten System, so fällt sofort auf, daß Peirces dortige Unterscheidung zwischen „Abbildern" (Likenesses), „Indizes" (Indices) und „Symbolen" (Symbols) der hiesigen Unterscheidung zwischen „Ikon" (Icon), „Index" (Index) und „Symbol" (Symbol) korrespondiert. Dementsprechend korrespondiert Peirces dortige Unterteilung der Klasse der „Symbole" (Symbols) in die drei Subklassen „Terme" (terms), „Propositionen" (propositions) und „Argumente" (arguments) der hiesigen Unterscheidung zwischen „Rhematischen Symbolen" (Rhematic Symbols), „Dicenten Symbolen" (Dicent Symbols) und „Argumenten" (Arguments). Übrigens unterscheidet Peirce darüberhinaus auch hier drei verschiedene Klassen von „Argumenten" (Arguments), nämlich „Deduktionen, Induktionen und Abduktionen" (Deductions, Inductions, and Abductions), die den drei dort unterschiedenen Klassen offensichtlich korrespondieren.[46]

In zwei Briefen an Victoria Lady Welby hat Peirces dieses System von zehn Zeichenklassen schließlich nochmals erweitert, indem er das dreistellige Kategorienschema nicht nur auf das Relat des „Zeichens" (sign) und auf die Teilrelationen des „Zeichens" zu „Objekt" (object) und „Interpretant" (interpretant) der triadischen Zeichenrelation, sondern auch auf diese beiden Relate selbst anwendet und dabei zugleich zwischen zwei

---

[45]Zum Verständnis dieser Beschränkung bedürfte es einer ausführlichen Erläuterung der von Peirce genannten Trichotomien, die hier nicht geleistet werden kann. Vgl. dazu die Erläuterungen in SS, Appendix B.

[46]Vgl. NOMENCLATURE AND DIVISION OF TRIADIC RELATIONS, AS FAR AS THEY ARE DETERMINED, CP2.266ff [G-1903-2c].

verschiedenen „Objekten" (objects), nämlich dem „unmittelbaren" (immediate) und dem „dynamischen" (dynamic) „Objekt" (object), und drei verschiedenen „Interpretanten" (interpretants), nämlich dem „destinaten" (destinate), dem „effektiven" (effective) und dem „expliziten" (explicit) „Interpretanten" (interpretant), unterscheidet.[47] Auf diese Weise ergeben sich für Peirce schließlich zehn Trichotomien, die in sechsundsechzig Zeichenklassen resultieren.[48]

---

[47]Vgl. SS32ff [12.10.1904], SS83ff [23.12.1908].
[48]Vgl. die Erläuterungen dazu in SS, Appendix B.

6.
Peirces 'Dekonstruktion' von Kants „oberstem Prinzip alles Verstandesgebrauchs"

Auf dem Höhepunkt seiner „Transzendentalen Deduktion der reinen Verstandes-begriffe", d.h. auf dem Höhepunkt seiner „Erklärung der Art, wie sich [die von den Urteilsfunktionen abgeleiteten „reinen Verstandesbegriffe oder Kategorien"] a priori auf Gegenstände beziehen können",[1] formuliert Kant ein *oberstes Prinzip alles Verstandes-gebrauchs*".[2] Dieses Prinzip besteht in dem *„Grundsatz der synthetischen Einheit der Apperzep-tion"*, d.h. es besteht in dem Grundsatz, „daß alles Mannigfaltige der Anschauung unter Bedingungen der ursprünglich-synthetischen Einheit der Apperzeption stehe". Zur Er-läuterung dieses Grundsatzes sei hier zunächst einmal lediglich angemerkt, daß Kant den Begriff der „Apperzeption" einführt, um die „Vorstellung" des „Ich denke" zu be-nennen, das „alle meine Vorstellungen begleiten können [muß]".[3]

Nun haben wir im Vorangegangenen festgestellt, daß Peirce Kants „oberstes Prin-zip alles Verstandesgebrauchs" nicht nur gelten läßt, sondern es vermittels des „Begriffs des Seins" (conception of being) sogar zum Ausgangspunkt seiner Methode der Ablei-tung der Kategorien macht, um den für die Legitimation der Kategorien unverzichtba-ren Bezug derselben zur „Einheit der Apperzeption" anders als Kant nicht erst durch eine nachträgliche „Transzendentale Deduktion" der schon zuvor abgeleiteten Katego-rien, sondern unmittelbar durch die Methode der Ableitung der Kategorien selbst zum Ausdruck zu bringen.[4] Die Tatsache, daß Peirce dabei der Rede von der „Einheit der Apperzeption" (unity of apperception) bzw. von der „Einheit des *Ich denke*" (unity of the *I think*) die Rede von der „Einheit des Seins" (unity of being) oder von der „Einheit der Konsistenz" (unity of consistency) vorzieht, gibt jedoch Anlaß zu der Vermutung, daß Peirce das „oberste Prinzip alles Verstandesgebrauchs" anders interpretiert, als Kant dies zu tun scheint.

Tatsächlich kommt an dieser terminologischen Präferenz die 'Dekonstruktion' zum Ausdruck, die Kants „oberstes Prinzip alles Verstandesgebrauchs" durch Peirce er-fährt und die es im Folgenden zu rekonstruieren gilt. Ich werde zu diesem Zweck zu-nächst einmal diejenige Konzeption des „obersten Prinzips alles Verstandesgebrauchs" herausarbeiten, die sowohl Kants als auch Peirces Interpretation desselben zugrunde-liegt (Kap. 6.1), und dann zunächst Kants (Kap. 6.2) und schließlich Peirces (Kap. 6.3) Interpretation desselben darstellen. Dabei wird sich herausstellen, daß Peirces 'De-

---

[1] Vgl. KRITIK DER REINEN VERNUNFT, B 117 [A 85].

[2] Vgl. KRITIK DER REINEN VERNUNFT, §17: *Der Grundsatz der synthetischen Einheit der Apperzeption ist das oberste Prinzip alles Verstandesgebrauchs*, B 136ff.

[3] Vgl. KRITIK DER REINEN VERNUNFT, B 131. Kants Begriff der „Apperzeption" ist insofern ambivalent, als mit der *„Vorstellung"* des „Ich denke", die dieser Begriff bezeichnet, sowohl der „Actus" des Vorstellens als auch das Vorgestellte gemeint sein kann, das dieser „Actus" „hervorbringt". Dieser Ambivalenz korrespondiert Kants spätere Unterscheidung zwischen der „synthetischen" und der „analytischen" „Einheit der Apperzeption". Vgl. dazu Kap. 6.2.

[4] Vgl. Kap. 5.2.1.

konstruktion' von Kants „oberstem Prinzip alles Verstandesgebrauchs" vor dem Hintergrund zweier Forderungen zu verstehen ist, die sich aus Kants eigenen Intentionen ergeben, nämlich zum einen vor dem Hintergrund der Forderung, keine „dialektischen" Voraussetzungen zugrundezulegen, und zum anderen vor dem Hintergrund der Forderung, keine „dogmatischen" Voraussetzungen zugrundezulegen.

6.1.
Das „oberste Prinzip alles Verstandesgebrauchs" als Antwort auf die Frage nach der Bedingung der „Möglichkeit einer Verbindung überhaupt"

Kant definiert das „oberste Prinzip alles Verstandesgebrauchs" als denjenigen Grundsatz, „unter dem [alle mannigfaltige Vorstellungen der Anschauung] [stehen], so fern sie in einem Bewußtsein müssen *verbunden* werden können".[5] Der von Kant als „oberstes Prinzip alles Verstandesgebrauchs" identifizierte „Grundsatz der synthetischen Einheit der Apperzeption" ist daher offensichtlich als die abschließende Antwort auf die zuvor nur vorläufig beantwortete Frage nach der Bedingung der „Möglichkeit einer Verbindung überhaupt" zu verstehen.[6] Zuvor nur vorläufig beantwortet worden ist diese Frage insofern, als Kant diese Frage zunächst einmal mit der These beantwortet, daß die Mannigfaltigkeit all dessen, was miteinander „verbunden" werden kann, unter Bedingungen einer „Einheit" stehen muß, „die a priori vor allen Begriffen der Verbindung vorhergeht", und er sich auf der Grundlage dieser Antwort die Aufgabe stellt, diese „Einheit" zu „suchen".[7]

Um die Frage nach der Bedingung der „Möglichkeit einer Verbindung überhaupt" beantworten zu können, gilt es zunächst einmal zu definieren, was es heißen soll, zwischen einem beliebigen Mannigfaltigen eine „Verbindung" herzustellen. Dementsprechend begründet Kant seine vorläufige Antwort auf diese Frage ausgehend von einer Definition des Begriffs der „Verbindung":

> Aber der Begriff der Verbindung führt außer dem Begriffe des Mannigfaltigen, und der Synthesis desselben, noch den der Einheit desselben bei sich. Verbindung ist Vorstellung der *synthetischen* Einheit des Mannigfaltigen. Die Vorstellung dieser Einheit kann also nicht aus der Verbindung entstehen, sie macht vielmehr dadurch, daß sie zur Vorstellung des Mannigfaltigen hinzukommt, den Begriff der Verbindung allererst möglich. Diese Einheit, die a priori vor allen Begriffen der Verbindung vorhergeht, ist nicht etwa jene Kategorie der Einheit (§10); denn alle Kategorien gründen sich auf logische Funktionen in Urteilen, in diesen aber ist schon Verbindung, mithin Einheit gegebener Begriffe gedacht. Die Kategorie setzt also schon Verbindung voraus. Also müssen wir diese Einheit (als qualita-

---

[5] Vgl. KRITIK DER REINEN VERNUNFT, B 136f.

[6] Vgl. KRITIK DER REINEN VERNUNFT, §15: *Von der Möglichkeit einer Verbindung überhaupt*, B 129ff. Vgl. Kap. 6.2.

[7] Vgl. KRITIK DER REINEN VERNUNFT, §15: *Von der Möglichkeit einer Verbindung überhaupt*, B 130f. Vgl. das nachfolgende Zitat.

tive, §12) noch höher suchen, nämlich in demjenigen, was selbst den Grund der Einheit verschiedener Begriffe in Urteilen, mithin der Möglichkeit der Verstandes, sogar in seinem logischen Gebrauche, enthält.

KRITIK DER REINEN VERNUNFT, B 130f

Kant definiert „Verbindung" als die „Vorstellung der *synthetischen* Einheit des Mannigfaltigen". Mit dieser auf den ersten Blick etwas undurchsichtigen Definition bringt Kant bei näherem Hinsehen offensichtlich den Sachverhalt zum Ausdruck, daß wir eine „Verbindung" dadurch herstellen, daß wir ein „Mannigfaltiges" in einer „Synthesis" auf eine „Vorstellung" beziehen, welche die „Einheit" dieses Mannigfaltigen repräsentiert. Eben diesen Sachverhalt hat Kant nämlich offensichtlich auch dann im Sinn, wenn er behauptet, daß „[d]ie Vorstellung dieser Einheit [...] dadurch, daß sie zur Vorstellung des Mannigfaltigen hinzukommt, den Begriff der Verbindung allererst möglich [macht]". Tatsächlich wird die These, daß Kant mit seiner Definition einer „Verbindung" eben diesen Sachverhalt zum Ausdruck bringt, darüberhinaus auch durch eine frühere, zur Begründung seiner Methode der Ableitung der Kategorien führende Bemerkung Kants bestätigt, derzufolge drei Dinge „uns zum Behuf der Erkenntnis aller Gegenstände a priori gegeben sein [müssen]": erstens „das *Mannigfaltige* der reinen Anschauung", zweitens „die *Synthesis* dieses Mannigfaltigen" und drittens „[d]ie Begriffe, welche dieser reinen Synthesis *Einheit* geben, und lediglich in der Vorstellung dieser notwendigen synthetischen Einheit bestehen".[8] Wenn Kant nämlich vor dem Hintergrund dieser Bemerkung „Verbindung" als die „Vorstellung der synthetischen Einheit des Mannigfaltigen" definiert, dann muß er offensichtlich der Auffassung sein, daß wir die „Verbindung" eines „Mannigfaltigen der reinen Anschauung" dadurch herstellen, daß wir dieses Mannigfaltige auf einen „Begriff" beziehen, welcher der „Synthesis" desselben „Einheit" gibt und somit die „Einheit" dieses Mannigfaltigen repräsentiert.

Auf der Grundlage dieser Konzeption des Sachverhalts einer „Verbindung" wird nun aber unmittelbar klar, worin die Bedingung der „Möglichkeit einer Verbindung überhaupt" besteht. Dabei lassen sich genaugenommen zwei verschiedene Grundsätze unterscheiden.

- Zum einen kann als Bedingung der „Möglichkeit einer Verbindung überhaupt" der Grundsatz gelten, *daß die Mannigfaltigkeit all dessen, was miteinander „verbunden" werden kann, auf eine „Vorstellung" bezogen werden können muß, welche die „Einheit" dieses Mannigfaltigen repräsentiert.* Dieser Grundsatz ergibt sich unmittelbar aus der eben zugrundegelegten Konzeption des Sachverhalts einer „Verbindung".

- Zum anderen kann als Bedingung der „Möglichkeit einer Verbindung überhaupt" der Grundsatz gelten, *daß die Mannigfaltigkeit all dessen, was miteinander „verbunden" werden kann, in einem Zusammenhang stehen muß, der nicht selbst Produkt einer „Verbindung" ist.* Die Möglichkeit, eine „Verbindung" dadurch herzustellen, daß wir ein „Mannigfaltiges" auf eine „Vorstellung" beziehen, welche die „Einheit" dieses Mannigfaltigen repräsentiert, setzt nämlich voraus, daß

[8]Vgl. KRITIK DER REINEN VERNUNFT, B 103f [A 77f].

das „Mannigfaltige" und die „Vorstellung", auf die wir dieses Mannigfaltige beziehen, in einem Zusammenhang stehen, der nicht selbst Produkt einer „Verbindung" ist. Andernfalls nämlich bedürfte es zur „Verbindung" eines „Mannigfaltigen" abermals einer „Verbindung" zwischen dem „Mannigfaltigen" und der „Vorstellung", auf die wir dieses Mannigfaltige beziehen, so daß die Begründung der „Möglichkeit einer Verbindung überhaupt" in einen infiniten Regreß geriete.

Von diesen beiden Grundsätzen ist der erste offensichtlich durch den zweiten bedingt, während der zweite durch keinen weiteren Grundsatz bedingt sein kann. Daher sei der erste dieser beiden Grundsätze die *bedingte*, der zweite dagegen die *unbedingte* Bedingung der „Möglichkeit einer Verbindung überhaupt" genannt. Insofern nun unter einem „obersten Prinzip alles Verstandesgebrauchs" nichts anderes zu verstehen ist als die Antwort auf die Frage nach der Bedingung der „Möglichkeit einer Verbindung überhaupt", können zunächst einmal beide Grundsätze als „oberstes Prinzip alles Verstandesgebrauchs" gelten. Aufgrund ihrer Unbedingtheit kann aber offensichtlich nur die unbedingte Bedingung der „Möglichkeit einer Verbindung überhaupt" als das wahrhaft *„oberste* Prinzip alles Verstandesgebrauchs" gelten.

Dennoch kann es einen Grund geben, nicht die unbedingte, sondern die bedingte Bedingung der „Möglichkeit einer Verbindung überhaupt" als das „oberste Prinzip alles Verstandesgebrauchs" gelten zu lassen. Dies wird dann deutlich, wenn wir bedenken, daß der Zusammenhang, in dem die Mannigfaltigkeit all dessen stehen muß, was miteinander „verbunden" werden kann, mit den Kontinua von Raum und Zeit identifiziert werden kann, innerhalb derer jede uns vorstellbare Mannigfaltigkeit entfaltet ist.[9] Diese beiden Kontinua stellen nämlich offensichtlich einen Zusammenhang dar, der nicht selbst Produkt einer „Verbindung" ist und in dem die Mannigfaltigkeit all dessen stehen muß, was miteinander „verbunden" werden kann. Demnach aber wäre die unbedingte Bedingung der „Möglichkeit einer Verbindung überhaupt" identisch mit dem „obersten Grundsatz der Möglichkeit aller Anschauung in Beziehung auf die Sinnlichkeit", den Kant dem „obersten Grundsatz eben derselben in Beziehung auf den Verstand" gegenüberstellt.[10] Mithin erweist sich der Wunsch, zwischen einem obersten Prinzip der „Sinnlichkeit" und einem obersten Prinzip des „Verstandes" zu unterscheiden, als ein möglicher Grund dafür, nicht die unbedingte, sondern die bedingte Bedingung der „Möglichkeit einer Verbindung überhaupt" als das „oberste Prinzip alles Verstandesgebrauchs" gelten zu lassen.[11] Lassen wir daher im Folgenden sowohl die unbedingte als auch die bedingte Bedingung der „Möglichkeit einer Verbindung überhaupt" als „oberstes Prinzip alles Verstandesgebrauchs" gelten.

Diese ambivalente Konzeption des „obersten Prinzips alles Verstandesgebrauchs" kann nun aber offensichtlich dadurch eine weitere Interpretation erfahren, daß die Mannigfaltigkeit all dessen, was miteinander „verbunden" werden kann, sowie die „Vorstellung", auf die diese Mannigfaltigkeit bezogen werden können muß, bzw. der

---

[9]Vgl. Kap. 4.1.
[10]Vgl. KRITIK DER REINEN VERNUNFT, B 136.
[11]Vgl. Kap. 6.2.

Zusammenhang, in dem diese Mannigfaltigkeit stehen muß, inhaltlich näher bestimmt werden. Auf diese Weise eröffnet sich ein Spektrum von Interpretationen, das es im Folgenden auszuloten gilt (Kap. 6.1.1, 6.1.2 und 6.1.3) und hinsichtlich dessen sich Kant und Peirce voneinander unterscheiden werden (Kap. 6.2 bzw. 6.3).

6.1.1.
„Dialektische" vs. nicht-„dialektische" Interpretation des „obersten Prinzips alles Verstandesgebrauchs"

Wir haben im Vorangegangenen festgestellt, daß als „oberstes Prinzip alles Verstandesgebrauchs" zweierlei Grundsätze gelten können, nämlich entweder der Grundsatz, daß die Mannigfaltigkeit all dessen, was miteinander „verbunden" werden kann, auf eine „Vorstellung" bezogen werden können muß, welche die „Einheit" dieser Mannigfaltigkeit repräsentiert, oder aber der Grundsatz, daß die Mannigfaltigkeit all dessen, was miteinander „verbunden" werden kann, in einem Zusammenhang stehen muß, der nicht selbst Produkt einer „Verbindung" ist. Diese ambivalente Konzeption des „obersten Prinzips alles Verstandesgebrauchs" kann nun zunächst einmal insofern eine weitere Interpretation erfahren, als die Mannigfaltigkeit all dessen, was miteinander „verbunden" werden kann, mit der Mannigfaltigkeit all dessen identifiziert werden kann, was auf die eine oder andere Weise vorstellig bzw. präsent sein kann.

Auf der Grundlage dieser Interpretation ist es naheliegend, die Mannigfaltigkeit all dessen, was miteinander „verbunden" werden kann, als eine Mannigfaltigkeit zu verstehen, die einem identischen Subjekt präsent sein kann, dem alles präsent sein kann, was auf die eine oder andere Weise vorstellig bzw. präsent sein kann. Dementsprechend ist es naheliegend, die „Vorstellung", auf welche diese Mannigfaltigkeit bezogen werden können muß, als eine „Vorstellung" zu verstehen, welche die Identität eines solchen 'transzendentalen Subjekts' repräsentiert, bzw. den Zusammenhang, in dem diese Mannigfaltigkeit stehen muß, als einen Zusammenhang zu verstehen, der in Bezug auf ein solches 'transzendentales Subjekt' besteht.

Diese gleichsam natürliche und unvermeidliche Interpretation des „obersten Prinzips alles Verstandesgebrauchs" erweist sich jedoch bei näherem Hinsehen als eine im kantschen Sinne *„dialektische"* Interpretation und mithin als eine „natürliche und unvermeidliche Illusion".[12] Sie geht nämlich insofern „über die Grenzen der Erfahrung hinaus", als das 'transzendentale Subjekt' als solches nie vorstellig bzw. präsent sein kann, sondern gleichsam das Unvorstellbare schlechthin ist. Das 'transzendentale Subjekt' ist nämlich gerade als dasjenige definiert, dem alles präsent sein kann, was auf die eine oder andere Weise vorstellig bzw. präsent sein kann, und kann daher nicht selbst etwas sein, was auf die eine oder andere Weise vorstellig bzw. präsent sein kann. Dementsprechend manifestiert sich der „dialektische" Charakter dieser Interpretation in einem Widerspruch, sobald man auf irgendeine Weise den Versuch unternimmt, sich unter dem

---

[12]Vgl. KRITIK DER REINEN VERNUNFT, *Von der Einteilung der transzendentalen Logik in die transzendentale Analytik und Dialektik*, B 87f [A 62ff], sowie *Transzendentale Dialektik*, B 349ff [A 293ff].

'transzendentalen Subjekt' irgendetwas vorzustellen bzw. es mit einem innerweltlichen Subjekt zu identifizieren.

Im Gegensatz zur „dialektischen" Interpretation des „obersten Prinzips alles Verstandesgebrauchs" kann eine *nicht-„dialektische"* Interpretation desselben nur darin bestehen, jeden Rekurs auf ein 'transzendentales Subjekt' zu vermeiden und die oben zugrundegelegte Konzeption des „obersten Prinzips alles Verstandesgebrauchs" entweder gar nicht oder aber auf andere Weise zu spezifizieren. Eine überraschend naheliegende Interpretation dieser letzteren Art besteht darin, die Mannigfaltigkeit all dessen, was miteinander „verbunden" werden kann, als eine Mannigfaltigkeit von Seienden zu verstehen und mithin die „Vorstellung", auf welche diese Mannigfaltigkeit bezogen werden können muß, mit dem Begriff des Seins zu identifizieren bzw. den Zusammenhang, in dem diese Mannigfaltigkeit stehen muß, mit den Kontinua von Raum und Zeit zu identifizieren, innerhalb derer jede uns vorstellbare Mannigfaltigkeit entfaltet sein muß.

Im Folgenden wird sich nun zum einen herausstellen, daß Kant zwar insofern eine „dialektische" Interpretation des „obersten Prinzips alles Verstandesgebrauchs" vertritt, als er die „Vorstellung", auf die die Mannigfaltigkeit all dessen bezogen werden können muß, was miteinander „verbunden" werden kann, mit der „Vorstellung *Ich denke*" identifiziert, daß er den „transzendentalen Schein" dieser Interpretation jedoch nachträglich aufdeckt (Kap. 6.2.2). Zum anderen wird sich herausstellen, daß Peirce insofern eine nicht-„dialektische" Interpretation des „obersten Prinzips alles Verstandesgebrauchs" realisiert, als er die „Vorstellung", auf welche die Mannigfaltigkeit all dessen bezogen werden können muß, was miteinander „verbunden" werden kann, mit dem „Begriff des Seins" (conception of being) identifiziert und dementsprechend die Einheit des Zusammenhangs, in dem diese Mannigfaltigkeit stehen muß, als „Einheit des Seins" (unity of being) bzw. schlicht und einfach als „Einheit der Konsistenz" (unity of consistency) charakterisiert (Kap. 6.3.2).

6.1.2.
Idealistische vs. realistische Interpretation des „obersten Prinzips alles Verstandesgebrauchs"

Wir haben im Vorangegangenen festgestellt, daß als „oberstes Prinzip alles Verstandesgebrauchs" zweierlei Grundsätze gelten können, nämlich entweder der Grundsatz, daß die Mannigfaltigkeit all dessen, was miteinander „verbunden" werden kann, auf eine „Vorstellung" bezogen werden können muß, welche die „Einheit" dieser Mannigfaltigkeit repräsentiert, oder aber der Grundsatz, daß die Mannigfaltigkeit all dessen, was miteinander „verbunden" werden kann, in einem Zusammenhang stehen muß, der nicht selbst Produkt einer „Verbindung" ist. Wir haben darüberhinaus festgestellt, daß diese ambivalente Konzeption des „obersten Prinzips alles Verstandesgebrauchs" inhaltlich zunächst einmal insofern bestimmt werden kann, als die Mannigfaltigkeit all dessen, was miteinander „verbunden" werden kann, mit der Mannigfaltigkeit all dessen identifiziert werden kann, was auf die eine oder andere Weise vorstellig bzw. präsent sein kann. Auf diese Weise erfährt das „oberste Prinzip alles Verstandesgebrauchs" eine phänomenologische Interpretation, die solange gewahrt bleibt, wie der ontologische Status dieses Mannigfaltigen nicht weitergehend determiniert wird.

Ausgehend von dieser phänomenologischen Interpretation kann das „oberste Prinzip alles Verstandesgebrauchs" je nachdem, ob wir uns für die Position eines Idealismus oder aber für die Position eines Realismus entscheiden,[13] entweder eine *idealistische* oder aber eine *realistische* Interpretation erfahren. Vertreten wir nämlich die These, daß sämtliche Sachverhalte unserer Welt nur 'für uns' und nicht auch 'an sich' bestehen, dann müssen wir auch den Sachverhalt, daß die Mannigfaltigkeit all dessen, was miteinander „verbunden" werden kann, auf eine „Vorstellung" bezogen werden können muß, welche die „Einheit" dieser Mannigfaltigkeit repräsentiert, bzw. in einem Zusammenhang stehen muß, der nicht selbst Produkt einer „Verbindung" ist, für einen Sachverhalt halten, der nur 'für uns' und nicht auch 'an sich' besteht. Vertreten wir dagegen die These, daß zumindest diejenigen Sachverhalte, die in jeder uns vorstellbaren Welt der Fall sind, nicht nur 'für uns', sondern auch 'an sich' bestehen, dann müssen wir auch den Sachverhalt, daß die Mannigfaltigkeit all dessen, was miteinander „verbunden" werden kann, auf eine „Vorstellung" bezogen werden können muß, welche die „Einheit" dieser Mannigfaltigkeit repräsentiert, bzw. in einem Zusammenhang stehen muß, der nicht selbst Produkt einer „Verbindung" ist, für einen Sachverhalt halten, der nicht nur 'für uns', sondern auch 'an sich' besteht.

Nun hat sich uns aber die Position eines Realismus gegenüber der Position eines Idealismus als die einzig rationale Alternative erwiesen.[14] Dementsprechend stellt sich uns auch die realistische Interpretation des „obersten Prinzips alles Verstandesgebrauchs" gegenüber der idealistischen Interpretation desselben als die einzig rationale Alternative dar. Vor diesem Hintergrund wird sich im Folgenden herausstellen, daß Kant aufgrund desselben Fehlschlusses, aufgrund dessen er die Position eines Idealismus zu vertreten scheint, dem „obersten Prinzip alles Verstandesgebrauchs" eine idealistische Interpretation zu verleihen scheint (Kap. 6.2.1), während Peirce aus demselben Grund, aus dem er die Position eines Realismus vertritt, dem „obersten Prinzip alles Verstandesgebrauchs" eine realistische Interpretation verleiht (Kap. 6.3.1).

6.1.3.
Kombination dieser beiden Dichotomien:
psychologische vs. theologische vs. kosmologische Interpretation des
„obersten Prinzips alles Verstandesgebrauchs"

Die Alternative zwischen der idealistischen und der realistischen Interpretation des „obersten Prinzips alles Verstandesgebrauchs" interferiert offensichtlich mit der Alternative zwischen der „dialektischen" und der nicht-„dialektischen" Interpretation desselben. Halten wir nämlich den Sachverhalt, daß die Mannigfaltigkeit all dessen, was mit-

---

[13]Vgl. Kap. 3.2.
[14]Vgl. Kap. 3.2.

einander „verbunden" werden kann, auf eine „Vorstellung" bezogen werden können muß, welche die „Einheit" dieser Mannigfaltigkeit repräsentiert, bzw. in einem Zusammenhang stehen muß, der nicht selbst Produkt einer „Verbindung" ist, für einen Sachverhalt, der nur 'für uns' und nicht auch 'an sich' besteht, dann können wir nicht darum umhin, die Mannigfaltigkeit all dessen, was miteinander „verbunden" werden kann, als eine Mannigfaltigkeit zu verstehen, die einem 'transzendentalen Subjekt' präsent sein kann. Die idealistische Interpretation des „obersten Prinzips alles Verstandesgebrauchs" impliziert also unausweichlich eine „dialektische" Interpretation desselben. Halten wir den Sachverhalt, daß die Mannigfaltigkeit all dessen, was miteinander „verbunden" werden kann, auf eine „Vorstellung" bezogen werden können muß, welche die „Einheit" dieser Mannigfaltigkeit repräsentiert, bzw. in einem Zusammenhang stehen muß, der nicht selbst Produkt einer „Verbindung" ist, dagegen für einen Sachverhalt, der nicht nur 'für uns', sondern auch 'an sich' besteht, dann können wir die Mannigfaltigkeit all dessen, was miteinander „verbunden" werden kann, zwar ebenfalls als eine Mannigfaltigkeit verstehen, die einem 'transzendentalen Subjekt' präsent sein kann, müssen dies aber nicht. Die realistische Interpretation des „obersten Prinzips alles Verstandesgebrauchs" kann also entweder „dialektisch" oder nicht-„dialektisch" sein.

Während im Falle der idealistischen Interpretation des „obersten Prinzips alles Verstandesgebrauchs" das 'transzendentale Subjekt' mit einem beschränkten Subjekt zu identifizieren wäre, dessen uns vollkommen unbegreifliche Beschränktheit wir uns nur in Analogie zur Beschränktheit der innerweltlichen Subjekte begreiflich machen können, als die wir uns erscheinen, wäre es im Falle der „dialektisch" realistischen Interpretation desselben mit einem unbeschränkten, außerweltlichen Subjekt zu identifizieren, dem wir als beschränkte, innerweltliche Subjekte vollkommen begreiflich sind. Die idealistische Interpretation des „obersten Prinzips alles Verstandesgebrauchs" kann daher als eine gleichsam *psychologische*, die „dialektisch" realistische Interpretation desselben dagegen als eine gleichsam *theologische* Interpretation gelten. Demgegenüber kann die nicht-„dialektisch" realistische Interpretation des „obersten Prinzips alles Verstandesgebrauchs" als eine gleichsam *kosmologische* Interpretation gelten, zumal sie lediglich darin besteht, das „oberste Prinzip alles Verstandesgebrauchs" als Sachverhalt einer Welt zu interpretieren, deren Komponenten wir sind, ohne diese Welt als die Welt eines 'transzendentalen Subjekts' zu deuten.

Nun haben wir zum einen festgestellt, daß die realistische Interpretation des „obersten Prinzips alles Verstandesgebrauchs" gegenüber der idealistischen Interpretation desselben die einzig rationale Interpretation ist. Zum anderen haben wir festgestellt, daß es sich bei der „dialektischen" Interpretation des „obersten Prinzips alles Verstandesgebrauchs" um eine „natürliche und unvermeidliche Illusion" handelt. Mithin kann die kosmologische Interpretationen des „obersten Prinzips alles Verstandesgebrauchs" sowohl gegenüber der psychologischen und als auch gegenüber der theologischen Interpretation desselben als die einzig rationale Interpretation gelten.

Im Folgenden gilt es nun herauszuarbeiten, wo in diesem Spektrum von Interpretationen des „obersten Prinzips alles Verstandesgebrauchs" zum einen Kants (Kap. 6.2) und zum anderen Peirces (Kap. 6.3) Interpretation desselben zu verorten sind. Dabei wird sich zum einen herausstellen, daß Kant dem „obersten Prinzip alles Verstandesgebrauchs" insofern nur vermeintlich eine psychologische, faktisch jedoch eine kosmologische Interpretation verleiht, als er erstens nur vermeintlich eine idealistische, faktisch jedoch eine realistische Interpretation desselben vertritt (Kap. 6.2.1) und zweitens zwar eine „dialektische" Interpretation desselben vertritt, den „transzendentalen Schein" dieser Interpretation jedoch nachträglich aufdeckt (Kap. 6.2.2). Zum anderen wird sich herausstellen, daß Peirce dem „obersten Prinzip alles Verstandesgebrauchs" insofern eine kosmologische Interpretation verleiht, als er eine nicht nur realistische (Kap. 6.3.1), sondern darüberhinaus auch nicht-„dialektische" (Kap. 6.3.2) Interpretation desselben vertritt.

6.2.
Kants vermeintlich psychologische Interpretation des „obersten Prinzips alles Verstandesgebrauchs"

Wir haben zu Beginn von Kap. 6.1 festgestellt, daß der von Kant als „oberstes Prinzip alles Verstandesgebrauchs" identifizierte „Grundsatz der synthetischen Einheit der Apperzeption" als die abschließende Antwort auf die zuvor nur vorläufig beantwortete Frage nach der Bedingung der „Möglichkeit einer Verbindung überhaupt" zu verstehen ist. Kants vorläufige Antwort auf diese Frage besteht dabei in der These, daß die Mannigfaltigkeit all dessen, was miteinander „verbunden" werden kann, unter Bedingungen einer „Einheit" stehen muß, „die a priori vor allen Begriffen der Verbindung vorhergeht".[15] Kants Begründung der These, daß das „oberste Prinzip alles Verstandesgebrauchs" in dem „Grundsatz der synthetischen Einheit der Apperzeption" besteht, setzt sich daher letztlich aus drei Schritten zusammen:

- In einem ersten Schritt behauptet Kant, daß die Mannigfaltigkeit all dessen, was miteinander „verbunden" werden kann, unter Bedingungen einer „Einheit" stehen muß, „die a priori vor allen Begriffen der Verbindung vorhergeht".

- In einem zweiten Schritt identifiziert Kant diese „Einheit" mit der „analytischen Einheit der Apperzeption", d.h. mit der Einheit der „Vorstellung *Ich denke*", „die alle andere muß begleiten können, und in allem Bewußtsein ein und dasselbe ist".[16]

- In einem dritten Schritt behauptet Kant, daß „die *analytische* Einheit der Apperzeption [...] nur unter der Voraussetzung irgend einer *synthetischen* möglich [ist]", d.h. er behauptet, daß „nur dadurch, daß ich ein Mannigfaltiges gegebener Vorstellungen *in einem Bewußtsein* verbinden kann, [...] es mög-

---

[15]Vgl. KRITIK DER REINEN VERNUNFT, §15: *Von der Möglichkeit einer Verbindung überhaupt*, B 130f. Vgl. Zitat in Kap. 6.1.

[16]Vgl. KRITIK DER REINEN VERNUNFT, §16: *Von der ursprünglich-synthetischen Einheit der Apperzeption*, B 131ff.

lich [ist], daß ich mir die *Identität des Bewußtseins in diesen Vorstellungen* selbst vorstelle".[17]

Wie Kant die „Apperzeption", von der hier die Rede ist, „auch die ursprüngliche Apperzeption [nennt], weil sie dasjenige Selbstbewußtsein ist, was, indem es die Vorstellung *Ich denke* hervorbringt, die alle andere begleiten muß, und in allem Bewußtsein ein und dasselbe ist, von keiner weiter begleitet werden kann", so bezeichnet er die „synthetische Einheit der Apperzeption" auch als die „ursprünglich-synthetische Einheit der Apperzeption", ohne damit einen Bedeutungsunterschied zum Ausdruck zu bringen. Der Begriff der „ursprünglich-synthetischen Einheit der Apperzeption" bezeichnet daher ebenso wie der Begriff der „synthetischen Einheit der Apperzeption" schlicht und einfach den Umstand, „daß ich ein Mannigfaltiges gegebener Vorstellungen *in einem Bewußtsein* verbinden kann". Wenn Kant daher den von ihm als „Grundsatz der synthetischen Einheit der Apperzeption" bezeichneten Grundsatz vertritt, „daß alles Mannigfaltige der Anschauung unter Bedingungen der ursprünglich-synthetischen Einheit der Apperzeption stehe", so bringt er damit schlicht und einfach die These zum Ausdruck, „daß ich [alles Mannigfaltige der Anschauung] *in einem Bewußtsein* verbinden kann".

Als Antwort auf die Frage nach der Bedingung der „Möglichkeit einer Verbindung überhaupt", ist diese These nun aber zweifellos äußerst unbefriedigend. Sie führt nämlich als Bedingung der „Möglichkeit einer Verbindung überhaupt" lediglich die Möglichkeit einer *besonderen* „Verbindung" an, ohne die Frage nach der Bedingung der Möglichkeit dieser besonderen „Verbindung" zu beantworten. Bei näherem Hinsehen stellt sich heraus, daß Kant zu dieser äußerst unbefriedigenden Antwort auf die Frage nach der Bedingung der „Möglichkeit einer Verbindung überhaupt" deshalb gelangt, weil er auf halbem Weg zwischen den beiden, als bedingte bzw. unbedingte Bedingung der „Möglichkeit einer Verbindung überhaupt" charakterisierten Grundsätzen stehenbleibt. Indem er behauptet, daß die Mannigfaltigkeit all dessen, was miteinander „verbunden" werden kann, unter Bedingungen einer „Einheit" stehen muß, „die a priori vor allen Begriffen der Verbindung vorhergeht", und diese „Einheit" mit der Einheit der „Vorstellung *Ich denke*" identifiziert, vertritt Kant nämlich einerseits offensichtlich den als bedingte Bedingung der „Möglichkeit einer Verbindung überhaupt" charakterisierten Grundsatz, daß die Mannigfaltigkeit all dessen, was miteinander „verbunden" werden kann, auf eine „Vorstellung" bezogen werden können muß, welche die „Einheit" dieser Mannigfaltigkeit repräsentiert. Andererseits aber geht Kant nicht so weit, nach der Bedingung der Möglichkeit dieses Bezugs zu fragen und dementsprechend den als unbedingte Bedingung der „Möglichkeit einer Verbindung überhaupt" charakterisierten Grundsatz zu vertreten, daß die Mannigfaltigkeit all dessen, was miteinander „verbunden" werden kann, in einem Zusammenhang stehen muß, der nicht selbst Produkt einer „Verbindung" ist. Er beschränkt sich vielmehr darauf, nach der Bedingung der Möglichkeit der „Vorstellung *Ich denke*" zu fragen und dementsprechend zu behaupten, daß „nur dadurch, daß ich ein Mannigfaltiges gegebener Vorstellungen *in einem Bewußt-*

[17]Vgl. KRITIK DER REINEN VERNUNFT, §16: *Von der ursprünglich-synthetischen Einheit der Apperzeption*, B 133ff.

sein verbinden kann, [...] es möglich [ist], daß ich mir die *Identität des Bewußtseins in diesen Vorstellungen* selbst vorstelle".

Nun haben wir aber bereits festgestellt, daß der als unbedingte Bedingung der „Möglichkeit einer Verbindung überhaupt" charakterisierte Grundsatz mit dem „obersten Grundsatz der Möglichkeit aller Anschauung in Beziehung auf die Sinnlichkeit" identifiziert werden kann, dem Kant den „obersten Grundsatz eben derselben in Beziehung auf den Verstand" gegenüberstellt. Der einzige akzeptable Grund, den Kant dafür anführen könnte, nicht den als unbedingte Bedingung der „Möglichkeit einer Verbindung überhaupt" charakterisierten Grundsatz, sondern den als Antwort auf die Frage nach der Bedingung der „Möglichkeit einer Verbindung überhaupt" äußerst unbefriedigenden „Grundsatz der synthetischen Einheit der Apperzeption" als „oberstes Prinzip alles Verstandesgebrauchs" zu identifizieren, besteht daher in dem Wunsch, zwischen einem obersten Prinzip der „Sinnlichkeit" und einem obersten Prinzip des „Verstandes" zu unterscheiden.

6.2.1.
Der vermeintlich idealistische Charakter von Kants Interpretation des „obersten Prinzips alles Verstandesgebrauchs"

Kant scheint insofern eine idealistische Interpretation des „obersten Prinzips alles Verstandesgebrauchs" zu vertreten, als er die Mannigfaltigkeit all dessen, was miteinander „verbunden" werden kann, als eine Mannigfaltigkeit von „Vorstellungen", d.h. von „Anschauungen" und „Begriffen",[18] versteht und diesen „Vorstellungen" uns affizierende „Gegenstände an sich" unterstellt, die uns „gänzlich unbekannt [bleiben]".[19] Auf der Grundlage dieser Bestimmung der Mannigfaltigkeit all dessen, was miteinander „verbunden" werden kann, kann nämlich offensichtlich jede Antwort auf die Frage nach der Bedingung der „Möglichkeit einer Verbindung überhaupt" nur 'für uns', nicht aber auch 'an sich' gelten. Kants These, daß uns die uns affizierenden „Gegenstände an sich" „gänzlich unbekannt [bleiben]", ist also nicht nur im allgemeinen der Grund dafür, daß Kant die Position eines Idealismus zu vertreten scheint, sondern sie ist insbesondere auch der Grund dafür, daß Kant eine idealistische Interpretation des „obersten Prinzips alles Verstandesgebrauchs" zu vertreten scheint.

Nun haben wir aber nicht nur festgestellt, daß diese These auf einem verhängnisvollen Fehlschluß beruht, sondern wir haben darüberhinaus festgestellt, daß Kant als Reaktion auf das Mißverständnis, zu dem diese These Anlaß gibt, in der zweiten Auflage der KRITIK DER REINEN VERNUNFT eine „Widerlegung des Idealismus" nachreicht, welche in dem Beweis des „Lehrsatzes" besteht, daß „[d]as bloße, aber empirisch bestimmte, Bewußtsein meines eigenen Daseins [...] das Dasein der Gegenstände im Raum außer mir [beweiset]".[20] Indem Kant aber das „Dasein der Gegenstände im Raum außer mir [beweiset]", versteht er sich selbst offensichtlich als Komponente einer

---

[18]Vgl. KRITIK DER REINEN VERNUNFT, B 129f.

[19]Vgl. Kap. 3.2.1.

[20]Vgl. Kap. 3.2.1.

Welt, in der zumindest diejenigen Sachverhalte der Fall sein müssen, die in jeder uns vorstellbaren Welt der Fall sind. Zu diesen Sachverhalten gehört aber auch derjenige Sachverhalt, der Gegenstand des „obersten Prinzips alles Verstandesgebrauchs" ist. Wie Kant daher nur *vermeintlich* die Position eines Idealismus, *faktisch* jedoch die Position eines Realismus vertritt, so vertritt er auch nur *vermeintlich* eine idealistische, *faktisch* jedoch eine realistische Interpretation des „obersten Prinzips alles Verstandesgebrauchs".

6.2.2.
Der „dialektische" Charakter von Kants Interpretation des „obersten Prinzips alles Verstandesgebrauchs"

Kant interpretiert die „Einheit", unter deren Bedingungen die Mannigfaltigkeit all dessen stehen muß, was miteinander „verbunden" werden kann, als eine „Einheit der Apperzeption". Unter der „Einheit der Apperzeption" kann dabei sowohl die „analytische" als auch die „synthetische" „Einheit der Apperzeption" verstanden werden. Während die „analytische Einheit der Apperzeption" in der Einheit der „Vorstellung *Ich denke*" besteht, „die alle andere muß begleiten können, und in allem Bewußtsein ein und dieselbe ist", besteht die „synthetische Einheit der Apperzeption" in dem Umstand, „daß ich ein Mannigfaltiges gegebener Vorstellungen *in einem Bewußtsein* verbinden kann". Mithin wird deutlich, daß Kant die Mannigfaltigkeit all dessen, was miteinander „verbunden" werden kann, als eine Mannigfaltigkeit interpretiert, die einem 'transzendentalen Subjekt', nämlich dem „Ich" des „Ich denke", präsent sein kann. Kant vertritt daher offensichtlich eine „dialektische" Interpretation des „obersten Prinzips alles Verstandesgebrauchs".

Die Tatsache, daß Kant eine „dialektische" Interpretation des „obersten Prinzips alles Verstandesgebrauchs" vertritt, bedeutet jedoch nicht, daß er dem „transzendentalen Schein" dieser Interpretation verfällt, indem er das „Ich" des „Ich denke" nicht bloß für ein virtuelles, sondern für ein reales Subjekt hält. Kant deckt den „transzendentalen Schein" dieser Interpretation vielmehr nachträglich auf, indem er in der „Transzendentalen Dialektik" den „Begriff, oder, wenn man lieber will, das Urteil: *Ich denke*" zu denjenigen „transzendentalen Begriffen" zählt, die er „transzendentale Ideen" nennt.[21] Unter einer „transzendentalen Idee" versteht Kant nämlich „einen notwendigen Vernunftbegriff, dem kein kongruierender Gegenstand in den Sinnen gegeben werden kann" und der mithin „die Grenzen aller Erfahrung [übersteigt]".[22]

Bei näherem Hinsehen stellt sich darüberhinaus heraus, daß Kant den „Begriff, oder, wenn man lieber will, das Urteil: *Ich denke*" nicht nur zu den „transzendentalen Ideen" zählt, sondern daß er ihn völlig zu Recht gleichsam für die „transzendentale Idee" schlechthin hält. Kant führt den „Begriff, oder, wenn man lieber will, das Urteil: *Ich denke*" nämlich als einen Begriff ein, „der oben, in der allgemeinen Liste der transzendentalen Begriffe, nicht verzeichnet worden, und dennoch dazu gezählt werden

---

[21]Vgl. KRITIK DER REINEN VERNUNFT, B 399f [A 341f].
[22]Vgl. KRITIK DER REINEN VERNUNFT, B 383f [A 327].

muß, ohne doch darum jene Tafel im mindesten zu verändern und für mangelhaft zu erklären." Es sei nämlich „leicht [einzusehen], daß er das Vehikel aller Begriffe überhaupt, und mithin auch der transzendentalen sei, aber keinen besonderen Titel haben könne, weil er nur dazu dient, alles Denken, als zum Bewußtsein gehörig, aufzuführen." Obgleich nun aber der „Begriff, oder, wenn man lieber will, das Urteil: *Ich denke*" ganz „vom Empirischen (dem Eindruck der Sinne) [rein] ist, so dient er doch dazu, zweierlei Gegenstände aus der Natur unserer Vorstellungskraft zu unterscheiden", nämlich das „Ich, als denkend," vom gedachten Gegenstand. Unterscheidet man nun noch hinsichtlich des gedachten Gegenstands zwischen dem Gegenstand als „Erscheinung" und als „Gegenstand an sich", so ergibt sich die gleiche Einteilung, die, verbunden mit der Unterscheidung zwischen drei Arten der „*Totalität der Bedingungen* zu einem gegebenen Bedingten", Kants „System der transzendentalen Ideen" ergibt.[23] Dieser Einteilung zufolge „[lassen sich] alle transzendentalen Ideen [...] unter *drei Klassen* bringen [...], davon die *erste* die absolute (unbedingte) *Einheit des denkenden Subjekts*, die *zweite* die absolute *Einheit der Reihe der Bedingungen der Erscheinung*, die *dritte* die absolute *Einheit der Bedingung aller Gegenstände des Denkens* überhaupt enthält".[24] Diese drei Klassen konstituieren dementsprechend die drei transzendentalen Wissenschaften, denen die drei „Hauptstücke" des zweiten Buchs der „Transzendentalen Dialektik" korrespondieren, nämlich erstens eine „transzendentale Seelenlehre (psychologia rationalis)", zweitens eine „transzendentale Weltwissenschaft (cosmologia rationalis)" und drittens eine „transzendentale Gotteserkenntnis (theologia transscendentalis)".[25]

6.3.
Peirces kosmologische Interpretation des „obersten Prinzips alles Verstandesgebrauchs"

Wir hatten im Vorangegangenen festgestellt, daß Peirce Kants „oberstes Prinzip alles Verstandesgebrauchs" zwar vermittels des „Begriffs des Seins" (conception of being) sogar zum Ausgangspunkt seiner Methode der Ableitung der Kategorien macht, daß er dabei aber der Rede von der „Einheit der Apperzeption" (unity of apperception) bzw. von der „Einheit des *Ich denke*" (unity of the *I think*) die Rede von der „Einheit des Seins" (unity of being) oder von der „Einheit der Konsistenz" (unity of consistency) vorzieht.[26] Aufschluß darüber, in welchem Sinne an dieser terminologischen Präferenz die 'Dekonstruktion' zum Ausdruck kommt, die Kants „oberstes Prinzip alles Verstandesgebrauchs" durch Peirce erfährt, erhalten wir aus der folgenden Passage, die all denjenigen Passagen zeitlich vorangeht, in denen Peirce statt des Begriffs der „Einheit der Apperzeption" (unity of apperception) den Begriff der „Einheit des Seins" (unity of being) oder den Begriff der „Einheit der Konsistenz" (unity of consistency) verwendet, und die bezeichnenderweise in Zusammenhang mit Peirces Absicht steht, sich „eine

---

[23]Vgl. KRITIK DER REINEN VERNUNFT, B 390f [A 333f].
[24]Vgl. KRITIK DER REINEN VERNUNFT, B 391 [A 334].
[25]Vgl. KRITIK DER REINEN VERNUNFT, B 391f [A 334f].
[26]Vgl. Kap. 5.1 und 5.2.1.

gänzlich unpsychologische Ansicht von Logik zu eigen zu machen" (to adopt a thoroughly unpsychological view of logic):[27]

> Kant's definition [of logic], which is the best yet given, is nearly freed from all
> such admixture [of anthropology and psychology]. And perhaps the strongest
> point of Hegelianism is the purely impersonal character which it attributes to the
> unity of apperception. In this respect, I follow Hegel; but I do so without
> budging from the critical standpoint. Though I talk of forms as something
> independent of the mind, I only mean that the mind so conceives them and that
> that conception is valid. I thus say that all the qualities we know are
> determinations of the pure idea. But that we have any further knowledge of the
> idea or that this is to know it in itself I entirely deny.
>
> HARVARD LECTURE VIII, W1:256 [MS105: April-Mai 1865]

Ähnlich wie später anläßlich der Darstellung seiner Methode der Ableitung der Kategorien unternimmt Peirce auch hier den Versuch einer Vermittlung zwischen Kant und
Hegel.[28] Peirce versteht sich dabei hier wie dort in erster Linie als Kantianer: zwar folge
er Hegel darin, der „Einheit der Apperzeption" (unity of apperception) einen „rein impersonalen Charakter" (purely impersonal character) zuzuschreiben, er tue dies aber,
„ohne den kritischen Standpunkt zu verlassen" (without budging from the critical
standpoint). Der „Einheit der Apperzeption" einen „rein impersonalen Charakter" zuzuschreiben, impliziert für Peirce offenbar, „Formen" (forms) als etwas zu verstehen,
was „unabhängig vom Bewußtsein" (independent of the mind) ist. Den „kritischen
Standpunkt" nicht zu verlassen, impliziert für Peirce dagegen offenbar, die These, daß
„Formen" „unabhängig vom Bewußtsein" sind, lediglich so zu verstehen, daß das „Bewußtsein" (mind) „Formen" zu Recht als etwas „auffaßt" (conceives), was „unabhängig
vom Bewußtsein" ist. Während sich Peirce mit der These, daß „Formen" „unabhängig
vom Bewußtsein" sind, offensichtlich gegen Kants These wendet, daß „die Form [aller
Erscheinung] [...] insgesamt im Gemüte a priori bereit liegen [muß]",[29] wendet er sich
mit der Erläuterung dieser These offensichtlich gegen Hegels Anspruch, die „Formen"
ohne Rekurs auf die Erfahrung als dialektische „Determinationen der reinen Idee" (determinations of the pure idea), d.h. der Idee des „Seins", ableiten zu können.[30]

Die Tatsache, daß Peirce ähnlich wie später anläßlich der Darstellung seiner Methode der Ableitung der Kategorien schon hier den Versuch einer Vermittlung zwischen Kant und Hegel unternimmt, ist durchaus kein Zufall. Peirces Methode der Ableitung der Kategorien kann nämlich als Erläuterung seiner These verstanden werden,
„daß alle uns bekannten Qualitäten Determinationen der reinen Idee sind" (that all the
qualities we know are determinations of the pure idea), ohne daß wir „irgendeine
darüber hinausgehende Kenntnis dieser Idee" (any further knowledge of the idea)
haben oder sie gar „an sich kennen" (know it in itself). Dies wird dann offensichtlich,
wenn wir uns daran erinnern, daß diese Methode darin besteht, die Kategorien

---

[27]Vgl. Kap. 4.3. Die dort zitierte Passage aus Peirces HARVARD LECTURE VIII schließt unmittelbar an die hier zitierte Passage an.

[28]Vgl. Kap. 5.2.

[29]Vgl. KRITIK DER REINEN VERNUNFT, B 34 [A 20], bzw. Kap. 3.2.1.

[30]Vgl. WISSENSCHAFT DER LOGIK bzw. Kap. 5.

ausgehend vom „Begriff des Seins" (conception of being) mittels eines rekursiv-transzendentalen Verfahrens abzuleiten.[31] „Determinationen der reinen Idee" sind „alle uns bekannten Qualitäten" demnach insofern, als die Kategorien, unter denen sie begriffen werden können, ausgehend vom „Begriff des Seins" abgeleitet werden können. Dazu benötigen wir insofern keine „darüber hinausgehende Kenntnis dieser Idee", als das rekursiv-transzendentale Verfahren, mittels dessen die Kategorien ausgehend vom „Begriff des Seins" abgeleitet werden, lediglich darin besteht, zu bestimmen, worin die „unmittelbare Rechtfertigung und Bedingung der Einführung" (the immediate justification and condition of the introduction) des jeweils zuletzt eingeführten Begriffs besteht.

Die Analyse der oben zitierten Passage ergibt demnach zunächst einmal zwei Ergebnisse. Zum einen bestätigt sich ein weiteres Mal die These, daß Peirce Kants „oberstes Prinzip alles Verstandesgebrauchs" vermittels des „Begriffs des Seins" (conception of being) zum Ausgangspunkt seiner Methode der Ableitung der Kategorien macht. Zum anderen jedoch stellt sich heraus, daß Peirce das „oberste Prinzip alles Verstandesgebrauchs" insofern anders interpretiert, als Kant dies zu tun scheint, als er der „Einheit der Apperzeption" (unity of apperception) einen „rein impersonalen Charakter" (purely impersonal character) zuschreibt, „ohne dabei den kritischen Standpunkt zu verlassen" (without budging from the critical standpoint). Im Folgenden wird sich nun herausstellen, daß Peirce mit dieser Interpretation des „obersten Prinzips alles Verstandesgebrauchs" eine nicht nur realistische, sondern darüber hinaus auch nicht-„dialektische" Interpretation desselben vertritt.

6.3.1.
Der realistische Charakter von Peirces Interpretation des „obersten Prinzips alles Verstandesgebrauchs"

Indem Peirce seine Interpretation der „Einheit der Apperzeption" (unity of apperception) durch eine Interpretation des ontologischen Status von „Formen" (forms) erläutert, scheint er zum Ausdruck bringen zu wollen, daß er die „Einheit der Apperzeption" ebenso wie „Formen" als etwas versteht, was das „Bewußtsein" (mind) zu Recht als etwas „auffaßt" (conceives), was „unabhängig vom Bewußtsein" (independent of the mind) ist. Tatsächlich ist offensichtlich, daß Peirce, wenn er „Formen" in diesem Sinne versteht, auch die „Einheit der Apperzeption" in diesem Sinne verstehen muß. Erstens nämlich kann die „Einheit der Apperzeption" offensichtlich selbst als eine Art „Form" gelten und scheint von Peirce an dieser ebenso wie an anderer Stelle auch in diesem Sinne verstanden zu werden.[32] Zweitens aber ist dieser Zusammenhang selbst dann

---

[31]Vgl. Kap. 5.2.2.

[32]Vgl. W3:52 [MS 203: Herbst 1872], wo Peirce die „Einheit der Apperzeption" explizit als eine Art „Form" versteht: „[Kant] does not, if I understand him rightly, hold that the „I think" of which he speaks is a perception of one's own existence or that it is any knowledge of fact at all, but only that it is a form or point of view from which objects are conceived. To think consistently is one thing, to think about our selves is surely quite another."

offensichtlich, wenn wir die „Einheit der Apperzeption" nicht als eine Art „Form"
gelten lassen. „Formen" sind nämlich als „Formen" eines Mannigfaltigen zu verstehen,
das unter Bedingungen der „Einheit der Apperzeption" stehen muß. Wenn Peirce
daher „Formen" als etwas versteht, was das „Bewußtsein" zu Recht als etwas „auffaßt",
was „unabhängig vom Bewußtsein" ist, dann muß er auch die „Einheit der
Apperzeption" als etwas verstehen, was das „Bewußtsein" zu Recht als etwas „auffaßt",
was „unabhängig vom Bewußtsein" ist.

Mithin wird deutlich, was es heißt, daß Peirce der „Einheit der Apperzeption" einen „rein impersonalen Charakter" zuschreibt, „ohne dabei den kritischen Standpunkt
zu verlassen". Daß Peirce der „Einheit der Apperzeption" einen „rein impersonalen
Charakter" zuschreibt, heißt nämlich offensichtlich, daß er die „Einheit der Apperzeption" als etwas versteht, was „unabhängig vom Bewußtsein" ist. Daß Peirce dabei den
„kritischen Standpunkt" nicht verläßt, heißt dagegen offensichtlich, daß er die These,
daß die „Einheit der Apperzeption" „unabhängig vom Bewußtsein" ist, lediglich so versteht, daß das „Bewußtsein" die „Einheit der Apperzeption" zu Recht als etwas „auffaßt", was „unabhängig vom Bewußtsein" ist. Es stellt sich daher zum einen heraus,
daß Peirce, indem er der „Einheit der Apperzeption" einen „rein impersonalen Charakter" zuschreibt, dem „obersten Prinzip alles Verstandesgebrauchs" eine *realistische
Interpretation* verleiht. Zum anderen aber stellt sich heraus, daß Peirce, indem er dabei
den „kritischen Standpunkt" nicht verläßt, diese Interpretation auch tatsächlich als eine
Interpretation, nämlich als Interpretation *eines phänomenologischen Sachverhalts* versteht.

6.3.2.
Der nicht-„dialektische" Charakter von Peirces Interpretation des „obersten Prinzips alles Verstandesgebrauchs"

Solange Peirce die „Einheit der Apperzeption" (unity of apperception) zwar als etwas
versteht, was das „Bewußtsein" zu Recht als etwas „auffaßt", was „unabhängig vom
Bewußtsein" ist, den Begriff der „Einheit der Apperzeption" jedoch beibehält, wird er
seinem Anspruch, dieser Einheit einen „rein impersonalen Charakter" (purely impersonal character) zuzuschreiben, offensichtlich nur unvollkommen gerecht. Da nämlich
der Begriff der „Apperzeption" die „Vorstellung" des „Ich denke" bezeichnet und mithin auf ein denkendes „Ich" verweist, wird dieser Einheit durch den Begriff der „Einheit der Apperzeption" auch dann noch ein personaler Charakter zugeschrieben, wenn
er sie als etwas versteht, was das „Bewußtsein" zu Recht als etwas „auffaßt", was „unabhängig vom Bewußtsein" ist. Vor diesem Hintergrund erscheint die Tatsache, daß
Peirce der Rede von der „Einheit der Apperzeption" fortan die Rede von der „Einheit
des Seins" (unity of being) oder von der „Einheit der Konsistenz" (unity of consistency) vorzieht, als Ausdruck seines Anspruchs, der „Einheit der Apperzeption" einen „rein impersonalen Charakter" zuzuschreiben.

Um zu verstehen, warum die Begriffe „Einheit des Seins" (unity of being) und
„Einheit der Konsistenz" (unity of consistency) den Begriff der „Einheit der Apperzeption" (unity of apperception) ersetzen können, sollten wir uns zunächst einmal daran

erinnern, daß mit der „Einheit der Apperzeption" sowohl die „analytische" als auch die „synthetische" „Einheit der Apperzeption" gemeint sein kann. Während die „analytische Einheit der Apperzeption" die Einheit einer „Vorstellung" bezeichnet, auf welche die Mannigfaltigkeit all dessen bezogen werden können muß, was miteinander „verbunden" werden kann, bezeichnet die „synthetische Einheit der Apperzeption" die Einheit eines Zusammenhangs, in den diese Mannigfaltigkeit gebracht werden können muß. Wenn Peirce daher den Begriff der „Einheit der Apperzeption" durch den Begriff der „Einheit des Seins" ersetzt, so identifiziert er diese „Vorstellung" nicht mehr mit der „Vorstellung *Ich denke*", sondern mit dem „Begriff des Seins" (conception of being), und diesen Zusammenhang nicht mehr als Zusammenhang von „Vorstellungen" eines „Ich", sondern als Zusammenhang von Seienden. Diese Identifikation ist aber offensichtlich vollkommen gerechtfertigt, da die Mannigfaltigkeit all dessen, was miteinander „verbunden" werden kann, zweifellos als eine Mannigfaltigkeit von Seienden verstanden werden kann. Wenn Peirce dagegen den Begriff der „Einheit der Apperzeption" durch den Begriff der „Einheit der Konsistenz" ersetzt, so behauptet er damit lediglich, daß die Mannigfaltigkeit all dessen, was miteinander „verbunden" werden kann, auf eine „Vorstellung" bezogen bzw. in einen Zusammenhang gebracht werden können muß, ohne diese „Vorstellung" bzw. diesen Zusammenhang in irgendeiner Weise zu spezifizieren. Der Begriff der „Konsistenz" (consistency) bezeichnet nämlich buchstäblich nichts anderes als das Zusammenstehen, lat.: consistere, eines Mannigfaltigen.

Indem Peirce auf der Grundlage seiner realistischen Interpretation des „obersten Prinzips alles Verstandesgebrauchs" den Begriff der „Einheit der Apperzeption" (unity of apperception) durch die Begriffe „Einheit des Seins" (unity of being) bzw. „Einheit der Konsistenz" (unity of consistency) ersetzt, vermeidet er es also offensichtlich, die „Vorstellung", auf welche die Mannigfaltigkeit all dessen bezogen werden können muß, was miteinander „verbunden" werden kann, bzw. den Zusammenhang, in den diese Mannigfaltigkeit gebracht werden können muß, mit dem „Ich" in Zusammenhang zu bringen, auf das der Begriff der „Apperzeption" verweist. Kraft seines Anspruchs, der „Einheit der Apperzeption" (unity of apperception) einen „rein impersonalen Charakter" (purely impersonal character) zuzuschreiben, „ohne dabei den kritischen Standpunkt zu verlassen" (without budging from the critical standpoint) realisiert Peirce daher offensichtlich eine *nicht-„dialektische"* Interpretation des „obersten Prinzips alles Verstandesgebrauchs".

6.4.
Peirces „Synechismus" (synechism) als „oberstes Prinzip alles Verstandesgebrauchs"

Wir haben im Vorangegangenen festgestellt, daß Peirces 'Dekonstruktion' von Kants „oberstem Prinzip alles Verstandesgebrauchs" vor allem darin besteht, die von Kant zwar intendierte, aber nur mißverständlich realisierte kosmologische Interpretation desselben zu realisieren. Peirce scheint dabei jedoch nicht über die äußerst unbefriedigende Antwort auf die Frage nach der Bedingung der „Möglichkeit einer Verbindung überhaupt" hinauszugehen, die Kant mit seinem „obersten Prinzip alles Verstandesgebrauchs" gibt. Anstatt nämlich den als unbedingte Bedingung der „Möglichkeit einer Verbindung überhaupt" charakterisierten Grundsatz freizulegen, daß die Mannigfaltigkeit all dessen, was miteinander „verbunden" werden kann, in einem Zusammenhang stehen muß, der nicht selbst Produkt einer „Verbindung" ist, scheint Peirce sich darauf zu beschränken, Kants Konzeption des „obersten Prinzips alles Verstandesgebrauchs" zum einen von ihrem vermeintlich idealistischen und zum anderen von ihrem „dialektischen" Charakter zu befreien. Peirce scheint daher ebenso wie Kant lediglich die These zu vertreten, daß die Mannigfaltigkeit all dessen, was miteinander „verbunden" werden kann, auf eine „Vorstellung" bezogen bzw. in einen Zusammenhang gebracht werden können muß, und sich diesbezüglich von Kant nur darin zu unterscheiden, daß er diese „Vorstellung" nicht mit der „Vorstellung Ich denke", sondern mit dem „Begriff des Seins" (conception of being), und diesen Zusammenhang nicht als Zusammenhang von „Vorstellungen" eines „Ich", sondern als Zusammenhang von Seienden identifiziert. Tatsächlich scheint Peirce auch dann nicht über diese Position hinauszugehen, wenn er später seine kosmologische Interpretation von Kants „oberstem Prinzip alles Verstandesgebrauchs" zum Ausgangspunkt der Ableitung der Kategorien macht.[33]

Die Tatsache, daß Peirce mit seiner 'Dekonstruktion' von Kants „oberstem Prinzip alles Verstandesgebrauchs" nicht über die äußerst unbefriedigende Antwort auf die Frage nach der Bedingung der „Möglichkeit einer Verbindung überhaupt" hinauszugehen scheint, die Kant mit seinem „obersten Prinzip alles Verstandesgebrauchs" gibt, läßt sich zwar ebenso wie die Tatsache, daß Kant selbst sich mit dieser Antwort zufriedengibt, durch den Wunsch erklären, zwischen einem obersten Prinzip der „Sinnlichkeit" und einem obersten Prinzip des „Verstandes" zu unterscheiden.[34] Sehr viel wahrscheinlicher ist diese Tatsache aber schlicht und einfach darauf zurückzuführen, daß Peirce an einer 'Dekonstruktion' von Kants „oberstem Prinzip alles Verstandesgebrauchs" zunächst einmal nur insofern interessiert ist, als sie dem Ziel dient, ein Kategoriensystem abzuleiten, auf dessen Grundlage „eine gänzlich unpsychologische Ansicht von Logik" (a thoroughly unpsychological view of logic) gewonnen werden kann. Peirce scheint daher den Umstand, daß die Mannigfaltigkeit all dessen, was miteinander „verbunden" werden kann, in einem Zusammenhang stehen muß, der nicht selbst Produkt einer „Verbindung" ist, zunächst einmal überhaupt nicht zur Kenntnis zu nehmen.

Bemerkenswerterweise bringt Peirce diesen Umstand aber einige Jahre später zur Sprache, ohne sich dabei explizit mit Kants Frage nach der Bedingung der „Möglichkeit einer Verbindung überhaupt" auseinanderzusetzen. Die Rede ist von drei Manuskripten aus dem Jahre 1873, die allesamt einem fragmentarischen Buch über Logik zuzurechnen und daher unter dem Titel [TOWARD A LOGIC BOOK, 1872-73] versammelt sind.[35] In jedem dieser drei Manuskripte begründet Peirce auf im wesentlichen identische Weise die These, daß die Fähigkeit, Schlußfolgerungen einer logischen Kritik zu unter-

---

[33]Vgl. Kap. 5.2.1.

[34]Vgl. Kap. 6.1 und 6.2.

[35]Vgl. [ON TIME AND THOUGHT], W3:68ff [MS215: 8.3.1873], [ON TIME AND THOUGHT], W3:72ff [MS216: 8.3.1873], sowie CHAPTER IV. THE CONCEPTION OF TIME ESSENTIAL IN LOGIC, W3:102ff [MS237: 1-2.7.1873].

ziehen, die *Kontinuität der Zeit* voraussetzt. Um verständlich zu machen, wieso Peirce mit der Begründung dieser These den zuvor genannten Umstand zur Sprache bringt, sei hier die entsprechende Passage aus dem ersten dieser drei Manuskripte zitiert:

> Every mind which passes from doubt to belief must have ideas which follow after one another in time. Every mind which reasons must have ideas which not only follow after others but are caused by them. Every mind which is capable of logical criticism of its inferences, must be aware of this determination of its ideas by previous ideas. But is it pre-supposed in the conception of a logical mind, that the temporal succession in its ideas is continuous, and not by discrete steps? A continuum such as we suppose time and space to be, is defined as something any part of which itself has parts of the same kind. So that the point of time or the point of space is nothing but the ideal limit towards which we approach, but which we can never reach in dividing time or space; and consequently nothing is true of a point which is not true of a space or a time. A discrete quantum, on the other hand, has ultimate parts which differ from any other part of the quantum in their absolute separation from one another. If the succession of images in the mind is by discrete steps, time for that mind will be made up of indivisible instants. Any one idea will be absolutely distinguished from every other idea by its being present only in the passing moment. And the same idea can not exist in two different moments, however similar the ideas felt in the two different moments may, for the sake of the argument, be allowed to be. Now an idea exists only so far as the mind thinks it; and only when it is present to the mind. An idea therefore has no characters or qualities but what the mind thinks of it at the time when it is present to the mind. It follows from this that if the succession of time were by separate steps, no idea could resemble another; for these ideas if they are distinct, are present to the mind at different times. Therefore at no time when one is present to the mind, is the other present. Consequently the mind never compares them nor thinks them to be alike; and consequently they are not alike; since they are only what they are thought to be at the time when they are present. It may be objected that though the mind does not directly think them to be alike, yet it may think together reproductions of them, and thus think them to be alike. This would be a valid objection were it not necessary, in the first place, in order that one idea should be the representative of another, that it should resemble that idea, which it could only do by means of some representation of it again, and so on to infinity; the link which is to bind the first two together which are to be pronounced alike, never being found. In short the resemblance of ideas implies that some two ideas are to be thought together which are present to the mind at different times. And this never can be, if instants are separated from one another by absolute steps. This conception is therefore to be abandoned, and it must be acknowledged to be already presupposed in the conception of a logical mind that the flow of time should be continuous. [...]

> W3:69f [MS215: 8.3.1873]

Das Argument, mit dem Peirce hier die These begründet, daß die Fähigkeit, Schlußfolgerungen einer logischen Kritik zu unterziehen, die Kontinuität der Zeit voraussetzt, läßt sich auf zwei wesentliche Schritte reduzieren:

- In einem ersten Schritt behauptet Peirce, daß die Fähigkeit, Schlußfolgerungen einer logischen Kritik zu unterziehen, die Möglichkeit voraussetzt, etwas „zusammenzudenken" (think together) bzw. zu „verbinden" (bind together).

- In einem zweiten Schritt behauptet Peirce, daß die Möglichkeit, etwas „zusammenzudenken" (think together) bzw. zu „verbinden" (bind together), die Kontinuität der Zeit voraussetzt.

Angesichts dieser beiden Schritte ist offensichtlich, daß Peirce mit dem zweiten Schritt eine Antwort auf Kants Frage nach der Bedingung der „Möglichkeit einer Verbindung überhaupt" gibt, ohne sich explizit mit dieser Frage auseinanderzusetzen. Peirce vertritt daher implizit die These, daß die „Möglichkeit einer Verbindung überhaupt" die Kontinuität der Zeit voraussetzt, und versteht dabei das Kontinuum der Zeit als einen Zusammenhang, der nicht selbst Produkt einer „Verbindung" ist. Mithin wird deutlich, daß Peirce mit seiner Begründung der These, daß die Fähigkeit, Schlußfolgerungen einer logischen Kritik zu unterziehen, die Kontinuität der Zeit voraussetzt, indirekt den Umstand zur Sprache bringt, daß die Mannigfaltigkeit all dessen, was miteinander „verbunden" werden kann, in einem Zusammenhang stehen muß, der nicht selbst Produkt einer „Verbindung" ist.

Peirce Begründung der These, daß die Fähigkeit, Schlußfolgerungen einer logischen Kritik zu unterziehen, die Kontinuität der Zeit voraussetzt, ist jedoch nicht nur deshalb interessant, weil Peirce in ihr implizit eine Antwort auf Kants Frage nach der Bedingung der „Möglichkeit einer Verbindung überhaupt" gibt und mit dieser Antwort über diejenige Antwort hinausgeht, die sich aus seinen expliziten Stellungnahmen zu Kants „oberstem Prinzip alles Verstandesgebrauchs" ergibt. Sie ist vielmehr insbesondere deshalb interessant, weil sie im wesentlichen mit derjenigen Argumentation identisch ist, in deren Konsequenz Peirce in seinem Aufsatz THE LAW OF MIND erstmals seine Position des „*Synechismus*" *(synechism)* formuliert.[36] Tatsächlich stellen die drei unter dem Titel [TOWARD A LOGIC BOOK, 1872-73] versammelten Manuskripte gleichsam die Keimzelle dieses im Jahre 1892 veröffentlichten Aufsatzes dar.

Peirce entlehnt den Begriff „Synechismus" (synechism) vom griechischen Wort συνεχισμός, dem Substantiv zum Adjektiv συνεχής, welches 'zusammenhängend' bzw. 'kontinuierlich' bedeutet.[37] Er versteht nämlich unter „Synechismus" (synechism) im weiteren Sinne „diejenige Tendenz philosophischen Denkens, welche auf der Idee von Kontinuität als auf einer Idee von höchster Wichtigkeit in der Philosophie und insbesondere auf der Notwendigkeit von Hypothesen insistiert, die wahre Kontinuität involvieren."[38] Im engeren Sinne bezeichnet „Synechismus" (synechism) daher auch die

---

[36] Vgl. THE LAW OF MIND, CP6.102-163 [G-1891-1c].

[37] Vgl. CP7.565 [G-c.1892-2]: „The word *synechism* is the English form of the Greek συνεχισμός, from συνεχής, continuous."

[38] Vgl. CP6.169 [G-1901-6]: „[Synechism is] that tendency of philosophical thought which insists upon the idea of continuity as of prime importance in philosophy and, in particular, upon the necessity of hypotheses involving true continuity." Diese an prominenter Stelle, nämlich für Baldwins DICTIONARY OF PHILOSOPHY AND PSYCHOLOGY, formulierte Definition des Begriff „Synechismus" (synechism) knüpft unmittelbar an diejenige Definition an, die Peirce diesem Begriff in seinem Aufsatz

„Tendenz, alles als kontinuierlich zu betrachten".[39] Denn „ist die Realität von Kontinuität erst einmal zugegeben, gibt es diverse Gründe [...] dafür, die Kontinuität aller Dinge zuzugeben."[40] In jeden Fall aber impliziert Peirces Position des „Synechismus" (synechism) nicht nur die Voraussetzung der Kontinuität der Zeit, sondern kraft dieser Voraussetzung unter anderem auch die Kontinuität von „Gefühlen" (feelings) und „Gedanken" (ideas) sowie insbesondere die Voraussetzung einer „Kontinuität zwischen den Eigenschaften von Geist und Materie" (continuity between the characters of mind and matter).[41]

Mithin stellt sich heraus, daß nicht nur Peirces Voraussetzung der Kontinuität der Zeit, sondern mittelbar auch seine Position des „Synechismus" (synechism) als Antwort auf die Frage nach der Bedingung der „Möglichkeit einer Verbindung überhaupt" und somit als „oberstes Prinzip alles Verstandesgebrauchs" verstanden werden kann. Obgleich Peirce sich diesen Zusammenhang niemals explizit bewußt gemacht zu haben scheint, so ist doch bemerkenswert, daß der Aufsatz THE LAW OF MIND, in dem er erstmals seine Position des „Synechismus" (synechism) formuliert, den zentralen Teil einer Aufsatzreihe darstellt, in der Peirce die wichtigsten Positionen seines „architektonisch konstruierten" „Systems der Philosophie" vorstellt.[42] Peirces „Synechismus" (synechism) kann daher mit gutem Grund als das eigentliche Ergebnis seiner 'Dekonstruktion' von Kants „oberstem Prinzip alles Verstandesgebrauchs" verstanden werden.

THE LAW OF MIND gibt. Dort heißt es nämlich: „The tendency to regard continuity, in the sense in which I shall define it, as an idea of prime importance in philosophy may conveniently be termed *synechism*" (CP6.103 [G-1891-1c]).

[39]Vgl. CP7.565 [G-c.1892-2]: „I have proposed to make *synechism* mean the tendency to regard everything as continuous". Vgl. ebenso CP1.171 [G-c.1897-5]: *„synechism*, or the doctrine that all that exists is continuous".

[40]CP1.170 [G-c.1897-5]: „Yet, the reality of continuity once admitted, reasons are there, divers reasons, some positive, others only formal, yet not contemptible, for admitting the reality of all things."

[41]Vgl. THE LAW OF MIND, CP6.158 [G-1891-1c], sowie, daran anknüpfend, THE CONNECTION BETWEEN MIND AND MATTER, CP6.277 [G-c.1893-2]: „Now, in obedience to the principle, or maxim, of continuity, that we ought to assume things to be continuous as far as we can, it has been urged that we ought to suppose a continuity between the characters of mind and matter, so that matter would be nothing but mind that had such indurated habits as to cause it to act with a peculiarly high degree of mechanical regularity, or routine."

[42]Diese in den Jahren 1891-93 in der Zeitschrift THE MONIST erschienene Aufsatzreihe besteht aus den folgenden Aufsätzen: THE ARCHITECTURE OF THEORIES, CP6.7-34 [G-1891-1a], THE DOCTRINE OF NECESSITY EXAMINED, CP6.35-65 [G-1891-1b], THE LAW OF MIND, CP6.102-163 [G-1891-1c], MAN'S GLASSY ESSENCE, CP6.238-271 [G-1891-1d], EVOLUTIONARY LOVE, CP6.287-317 [G-1891-1e], REPLY TO THE NECESSITARIANS, CP6.588-618 [G-1891-1f].

7.
Ausblick

Die vorangegangene Rekonstruktion von Peirces 'Dekonstruktion' der fundamentalen Architektur- und Erkenntnisprinzipien der „Transzendental-Philosophie" Kants legt nicht nur den Horizont frei, innerhalb dessen Peirces gesamte Philosophie zu verstehen ist, sondern sie bereitet damit zugleich auch das Fundament, auf dem aufbauend die systematische Rekonstruktion von Peirces 'Dekonstruktion' der „Transzendental-Philosophie" Kants weiterzuverfolgen wäre. Da dies im Rahmen dieser Dissertation nicht geleistet werden kann, möchte ich die noch ausstehenden Schritte dieser Rekonstruktion wenigstens ansprechen. Dabei handelt es sich im wesentlichen um zwei Schritte, die sich aufgrund ihres Ausmaßes in eine ganze Reihe von Teilschritten unterteilen. Es verbleibt nämlich noch, zum einen Peirces 'Dekonstruktion' von Kants „Architektonik der reinen Vernunft" und zum anderen Peirces 'Dekonstruktion' der „Vernunfterkenntnisse" zu rekonstruieren, die Gegenstand der durch diese „Architektonik" definierten „Vernunftwissenschaften" sind.

Die Rekonstruktion von Peirces 'Dekonstruktion' von Kants „Architektonik der reinen Vernunft" hätte zu klären, welche weiteren *Architekturprinzipien* sich auf der Grundlage von Peirces 'Dekonstruktion' der fundamentalen Architektur- und Erkenntnisprinzipien der „Transzendental-Philosophie" Kants ergeben und in welchem Verhältnis diese Architekturprinzipien zu den Architekturprinzipien von Kants „Architektonik der reinen Vernunft" stehen. Dabei hätte sie insbesondere zu klären, inwieweit Peirces „Natürlicher Klassifikation der Wissenschaften" (natural classification of sciences) zumindest in ihrem „Mathematik" (Mathematics) und „Philosophie" (Philosophy) betreffenden Teil tatsächlich als systematischer Gegenentwurf zu Kants „Architektonik der reinen Vernunft" verstanden werden kann.[1] In diesem Zusammenhang gilt es vor allem zu bedenken, daß das System aller Urteile darüber, was in jeder uns vorstellbaren Welt der Fall ist, selbst als ein uns vorstellbarer Gegenstand verstanden werden kann, nämlich bezeichnenderweise als ein Gegenstand, der in jeder uns vorstellbaren Welt identisch wäre. Es wäre daher zu erwarten, daß sich das Kategorienschema bei der Unterteilung eines solchen Systems ebenso niederschlägt, wie dies in Peirces „Natürlicher Klassifikation der Wissenschaften" unter anderem bei der Unterteilung von „Mathematik" und „Philosophie" tatsächlich der Fall ist.

Die Rekonstruktion von Peirces 'Dekonstruktion' der „Vernunfterkenntnisse", die Gegenstand der durch Kants „Architektonik der reinen Vernunft" definierten „Vernunftwissenschaften" sind, hätte dagegen zu klären, welche weiteren *Erkenntnisprinzipien* sich auf der Grundlage von Peirces 'Dekonstruktion' der fundamentalen Architektur- und Erkenntnisprinzipien der „Transzendental-Philosophie" Kants ergeben. Dabei hätte sie zum einen zu klären, in welchem Verhältnis diese Erkenntnisprinzipien zu den „Vernunfterkenntnissen" stehen, die Gegenstand der durch Kants „Architektonik der reinen Vernunft" definierten „Vernunftwissenschaften" sind. Zum anderen hätte sie

---

[1] Vgl. die entsprechende These in Kap. 2.

dabei aber auch zu klären, inwieweit sich diese Erkenntnisprinzipien in Peirces philosophischen Positionen niederschlagen. So wäre z.B. zu klären, inwieweit nicht nur seine Position des „Synechismus" (synechism),[2] sondern auch seine damit eng zusammenhängenden Positionen des „Tychismus" (tychism)[3] und des „Agapismus" (agapism)[4] vor dem Hintergrund seiner 'Dekonstruktion' der fundamentalen Architektur- und Erkenntnisprinzipien der „Transzendental-Philosophie" Kants verstanden werden müssen.

Im Horizont der so umrissenen Aufgabe einer vollständigen Rekonstruktion von Peirces 'Dekonstruktion' der „Transzendental-Philosophie" Kants ist Peirces 'Dekonstruktion' von Kants transzendentaler Ethik und Religionsphilosophie zweifellos von besonderem Interesse. Sie ist dies zunächst einmal deshalb, weil Peirce in seiner „Natürlichen Klassifikation der Wissenschaften" (natural classification of sciences) der „Ethik" (ethics) sowohl gegenüber der „Metaphysik" (metaphysics) als auch gegenüber der „Logik" (logic) ein Primat einräumt, sie jedoch gegenüber einer in einem sehr spezifischen Sinne verstandenen „Ästhetik" (esthetics) für nachrangig hält.[5] Sie ist dies aber nicht zuletzt auch deshalb, weil Peirce zeit seines Lebens bestrebt ist, die verkannte „Ehe von Religion und Wissenschaft" kenntlich werden zu lassen,[6] und dabei mit der Metapher „Ehe" (marriage) mehr zum Ausdruck bringt als eine bloße Kompatibilität. Ich möchte daher abschließend einige bemerkenswerte Konsequenzen ansprechen, die sich aus Peirces 'Dekonstruktion' der fundamentalen Architektur- und Erkenntnis-

---

[2]Vgl. Kap. 6.4.

[3]Der Begriff „Tychismus" (tychism) ist dem griechischen Wort τύχη (Zufall) entlehnt. Er bezeichnet zunächst einmal eine „Denkweise" (way of thinking), derzufolge die Idee eines „absoluten Zufalls" (absolute chance) zu den Ideen gehört, die „die Kettfäden eines Systems der Philosophie bilden sollten" (ought to form the warp of a system of philosophy). Vgl. THE LAW OF MIND, CP6.102 [G-1891-1c], wo Peirce diesen Begriff nachträglich zur Bezeichnung der Position einführt, die er in seinem vorangegangenen Aufsatz THE DOCTRINE OF NECESSITY EXAMINED, CP6.35-65 [G-1891-1b], entwickelt hatte. Im engeren Sinne bezeichnet dieser Begriff daher auch schlicht die These, „daß absoluter Zufall [...] im Kosmos wirksam [ist]" (that absolute chance [is] operative in the cosmos). Vgl. dazu EVOLUTIONARY LOVE, CP6.302 [G-1891-1e], wo Peirce diesen Begriff mit seinem Begriff des „Agapismus" (agapism) in Zusammenhang bringt.

[4]Der Begriff „Agapismus" (agapism) ist dem griechischen Wort ἀγάπη (Liebe) entlehnt und bezeichnet die These, „daß [...] das Gesetz der Liebe [...] im Kosmos wirksam [ist]" (that [...] the law of love [is] operative in the cosmos). Vgl. EVOLUTIONARY LOVE, CP6.302 [G-1891-1e].

[5]Vgl. Appendix, Item 2, sowie Peirces Erläuterungen dazu in MINUTE LOGIC, CP2.198f [G-c.1902-2]: „Now logic is a study of the means of attaining the end of thought. [...] It is Ethics which defines that end. [...] What I have found to be true of Ethics I am beginning to see is true of Esthetics likewise. [...] Ethics asks to what end all effort shall be directed. That question obviously depends upon the question what it would be that, independently of the effort, we should like to experience. [...] Using καλός, the question of esthetics is, What is the only quality that is, in its immediate presence, καλός? Upon this question ethics must depend, just as logic must depend upon ethics. Esthetics, therefore, although I have terribly neglected it, appears to be possibly the first indispensable propedeutic to logic, [...]."

[6]Vgl. den gleichnamigen Aufsatz THE MARRIAGE OF RELIGION AND SCIENCE, CP6.428-434 [G-1893-1]. Einen Überblick über Peirces Religionsphilosophie geben Orange (1984), Raposa (1989) sowie Deuser (1995).

prinzipien der „Transzendental-Philosophie" Kants für seine 'Dekonstruktion' von Kants transzendentaler Ethik und Religionsphilosophie ergeben. Diese Konsequenzen betreffen sowohl die *Möglichkeit* (Kap. 7.1) als auch die *inhaltliche Bestimmung* (Kap. 7.2) einer transzendentalen Ethik und Religionsphilosophie.

7.1.
Konsequenzen für die Möglichkeit einer transzendentalen Ethik und Religionsphilosophie

Jede Ethik setzt voraus, daß uns eine Welt vorstellbar ist, in der es Kausalität aus Freiheit gibt, denn andernfalls wäre die Idee eines Sollens offensichtlich sinnlos. Unter einer transzendentalen Ethik wäre demnach strenggenommen eine Ethik zu verstehen, die für jede uns vorstellbare Welt gültig ist, in der es Kausalität aus Freiheit gibt. Nun muß es aber so, wie es im allgemeinen Sachverhalte geben muß, die in jeder uns vorstellbaren Welt der Fall sind, auch ethische Sachverhalte geben, die in jeder uns vorstellbaren Welt der Fall sind, in der es Kausalität aus Freiheit gibt. Denn so, wie jede beliebige Menge uns vorstellbarer Welten durch Bedingungen definiert sein muß, die allen diesen Welten gemein sind, so muß auch jede beliebige Menge uns vorstellbarer Ethiken durch Bedingungen definiert sein, die allen diesen Ethiken gemein sind.[7] Mithin hängt die Möglichkeit einer transzendentalen Ethik letztlich einzig und allein davon ab, ob uns eine Welt vorstellbar ist, in der es Kausalität aus Freiheit gibt. Dies aber sollte genau dann der Fall sein, wenn die Voraussetzung einer Kausalität aus Freiheit mit den Grundsätzen a priori kompatibel ist, die sich auf der Grundlage des jeweils zugrundegelegten Kategoriensystems ergeben.

Kant nun allerdings bestreitet zwar eine derartige Kompatibilität, glaubt die Möglichkeit einer transzendentalen Ethik aber dennoch für gewährleistet halten zu können. Er bestreitet diese Kompatibilität insofern, als sich ihm zufolge auf der Grundlage des seiner Kategorie der „Kausalität und Dependenz (Ursache und Wirkung)" korrespondierenden Grundsatzes, daß „[a]lle Veränderungen [...] nach dem Gesetz der Verknüpfung von Ursache und Wirkung [geschehen]",[8] eine „Antinomie" ergibt, derzufolge dieser Grundsatz einerseits zwar zur Voraussetzung einer Kausalität aus Freiheit Anlaß gibt, ihr aber andererseits widerspricht.[9] Nichtsdestotrotz glaubt Kant die Möglichkeit einer transzendentalen Ethik deshalb für gewährleistet halten zu können, weil er den Geltungsbereich dieses Grundsatz beschränkt, indem er die Kausalität aus Freiheit aus dem Bereich dessen verbannt, was 'für uns' ist, und ihr in dem „uns gänzlich unbekannten" Bereich dessen, was 'an sich' ist, ein uns gänzlich verschlossenes Refugium

---

[7]Als fundamentale Bedingung dieser Art kann das rein *formale* Gebot gelten, als das Kants kategorischer Imperativ zu verstehen ist: „Handle so, daß die Maxime deines Willens jederzeit zugleich als Prinzip einer allgemeinen Gesetzgebung gelten könne." Vgl. KRITIK DER PRAKTISCHEN VERNUNFT, A 54.

[8]Vgl. KRITIK DER REINEN VERNUNFT, B 232ff [A 189ff].

[9]Vgl. KRITIK DER REINEN VERNUNFT, B 472ff [A 444ff].

verschafft.[10] Dementsprechend behauptet Kant zwar, nicht nur nicht die *„Wirklichkeit der Freiheit"*, sondern „nicht einmal die *Möglichkeit* der Freiheit" bewiesen zu haben, aber er glaubt paradoxerweise dennoch gezeigt zu haben, „daß Natur der Kausalität aus Freiheit wenigstens *nicht widerstreite"*.[11] In dieser offensichtlichen Paradoxie manifestiert sich die Widersprüchlichkeit des Versuchs, den Geltungsbereich eines Grundsatzes zu beschränken, der in jeder uns vorstellbaren Welt Gültigkeit besitzen soll. Kant kann sich über diese Widersprüchlichkeit nur insofern hinwegtäuschen, als er sich über die Sinnlosigkeit der Rede von etwas „gänzlich Unbekanntem" hinwegtäuscht.

Im Gegensatz zu Kant hält Peirce die Kompatibilität zwischen der Voraussetzung einer Kausalität aus Freiheit und den Grundsätzen a priori, die sich auf der Grundlage des von ihm zugrundegelegten Kategoriensystems ergeben, offensichtlich für gewährleistet. Tatsächlich räumt Peirce nicht nur die *Möglichkeit*, sondern sogar die *Wirklichkeit* einer Kausalität aus Freiheit ein. Er vertritt nämlich statt der von ihm als „Nezessitarianismus" (necessitarianism) bezeichneten Position eines Determinismus die von ihm „Tychismus" (tychism) genannte Position eines Indeterminismus.[12] Bemerkenswerterweise scheint Peirce die Kompatibilität zwischen der Voraussetzung einer Kausalität aus Freiheit und den Grundsätzen a priori, die sich auf der Grundlage des von ihm zugrundegelegten Kategoriensystems ergeben, aber nicht etwa deswegen für gewährleistet zu halten, weil er ein anderes Kategoriensystem und mithin ein anderes System von Grundsätzen a priori vertritt als Kant. Die durch „Objektivierung" (objectification) der Urteilsfunktion „hypothetischer" Urteile abgeleitete These Kants, daß „[a]lle Veränderungen [...] nach dem Gesetz der Verknüpfung von Ursache und Wirkung [geschehen]", scheint auf der Grundlage des von Peirce zugrundegelegten Kategoriensystems nämlich zwar nicht als ein *Grundsatz* a priori, aber durchaus als ein Urteil a priori gelten zu können, das auf der Grundlage des von Peirce zugrundegelegten Kategoriensystems abgeleitet werden kann.[13] Anders als Kant scheint Peirce allerdings nicht der Auffassung zu sein, daß diese These die Position eines Determinismus impliziert und somit der Voraussetzung einer Kausalität aus Freiheit widerspricht. Peirce hat daher anders als Kant keinen Anlaß, auf die von ihm ohnehin als sinnlos entlarvte Idee eines „gänzlich Unbekannten" zu rekurrieren.

Mithin zeichnet sich ab, daß die Möglichkeit einer transzendentalen Ethik durch Peirces 'Dekonstruktion' der fundamentalen Architektur- und Erkenntnisprinzipien der „Transzendental-Philosophie" Kants nicht nur nicht in Frage gestellt wird, sondern ganz im Gegenteil auf eine widerspruchsfreie Grundlage gestellt wird. Wenn Kant nun aber zu Recht behauptet, daß „Moral [...] unumgänglich zur Religion [führt]",[14] so daß „Religion" zwar nicht als notwendige Voraussetzung, aber immerhin als notwendige Folge von „Moral" zu verstehen ist, dann wird durch Peirces 'Dekonstruktion' der fun-

---

[10]Vgl. KRITIK DER REINEN VERNUNFT, B 560ff [A 532ff].

[11]Vgl. KRITIK DER REINEN VERNUNFT, B 586 [A 558].

[12]Vgl. z.B. THE DOCTRINE OF NECESSITY EXAMINED, CP6.35-65 [G-1891-1b].

[13]„Hypothetische" Urteile wären nämlich für Peirce eine Spezies von „Zeichen", die sich durch rekursive Anwendung des Kategorienschemas auf eine Teilrelation der triadischen Zeichenrelation ableiten läßt (Vgl. Kap. 5.3) und mithin a priori gültig ist.

[14]Vgl. DIE RELIGION INNERHALB DER GRENZEN DER BLOßEN VERNUNFT, B IX [A IX].

damentalen Architektur- und Erkenntnisprinzipien der „Transzendental-Philosophie" Kants nicht nur die Möglichkeit einer transzendentalen Ethik, sondern auch die Möglichkeit einer transzendentalen Religionsphilosophie auf eine widerspruchsfreie Grundlage gestellt.

7.2.
Konsequenzen für die inhaltliche Bestimmung einer transzendentalen Ethik und Religionsphilosophie

Auf der Grundlage seiner 'Dekonstruktion' der fundamentalen Architektur- und Erkenntnisprinzipien der „Transzendental-Philosophie" Kants ergeben sich eine ganze Reihe sehr bemerkenswerter Konsequenzen für die inhaltliche Bestimmung einer transzendentalen Ethik und Religionsphilosophie. Diese Konsequenzen, die sich wie ein roter Faden durch Peirces gesamtes Werk ziehen, sind allerdings zu vielfältig um im Rahmen dieser Dissertation vollständig angesprochen werden zu können. Im Folgenden sei daher lediglich auf diejenigen dieser Konsequenzen hingewiesen, die von Peirce als „unverzichtbare Bedingungen von Logik" (indispensable requirements of logic) eingeführt werden und daher nicht nur als die fundamentalsten dieser Konsequenzen gelten können, sondern zugleich einen weiteren Aspekt von Peirces These zu illustrieren scheinen, daß der „Ethik" (Ethics) gegenüber „Logik" (Logic) und „Metaphysik" (Metaphysics) ein Primat zukommt.

Peirce stellt diese Konsequenzen erstmals in einem Aufsatz vor, dessen voller Titel GROUNDS OF VALIDITY OF THE LAWS OF LOGIC: FURTHER CONSEQUENCES OF FOUR INCAPACITIES lautet und der, wie aus dem Titel hervorgeht, an die beiden vorangegangenen Aufsätze QUESTIONS CONCERNING CERTAIN FACULTIES CLAIMED FOR MAN und SOME CONSEQUENCES OF FOUR INCAPACITIES anknüpft:

> Upon our theory of reality and of logic, it can be shown that no inference of any individual can be thoroughly logical without certain determinations of his mind which do not concern any one inference immediately; for we have seen that that mode of inference which alone can teach us anything, or carry us beyond what was implied in our premises - in fact, does not give us to know any more than we knew before; only, we know that, by faithfully adhering to that mode of inference, we shall, on the whole, approximate to the truth. Each of us is an insurance company, in short. But, now, suppose that an insurance company, among its risks, should take one exceeding in amount the sum of all the others. Plainly, it would then have no security whatever. Now, has not every single man such a risk? What shall it profit a man if he shall gain the whole world and lose his own soul? If a man has a transcendent personal interest infinitely outweighing all others, then, upon the theory of validity of inference just developed, he is devoid of all security, and can make no valid inference whatever. What follows? That logic rigidly requires, before all else, that no determinate fact, nothing which can happen to a man's self, should be of more consequence to him than everything else. He who would not sacrifice his own soul to save the whole

world, is illogical in all his inferences, collectively. So the social principle is rooted intrinsically in logic.

That being the case, it becomes interesting to inquire how it is with men as a matter of fact. There is a psychological theory that man cannot act without a view to his own pleasure. This theory is based on a falsely assumed subjectivism. Upon our principles of the objectivity of knowledge, it could not be based, and if they are correct it is reduced to an absurdity. It seems to me that the usual opinion of the selfishness of man is based in large measure upon this false theory. I do not think that the facts bear out the usual opinion. The immense self-sacrifices which the most wilful men often make, show that wilfulness is a very different thing from selfishness. The care that men have for what is to happen after they are dead, cannot be selfish. And finally and chiefly, the constant use of the word „we“ - as when we speak of our possessions on the Pacific - our destiny as a republic - in cases in which no personal interests at all are involved, show conclusively that men do not make their personal interests their only ones, and therefore may, at least, subordinate them to the interests of the community.

But just the revelation of the possibility of this complete self-sacrifice in man, and the belief in its saving power, will serve to redeem the logicality of all men. For he who recognizes the logical necessity of complete self-identification of one's own interests with those of the community, and its potential existence in man, even if he has it not himself, will perceive that only the inferences of that man who has it are logical, and so views his own inferences as being valid only so far as they would be accepted by that man. But so far as he has this belief, he becomes identified with that man. And that ideal perfection of knowledge by which we have seen that reality is constituted must thus belong to a community in which this identification is complete.

This would serve as a complete establishment of private logicality, were it not that the assumption that man or the community (which may be wider than man) shall ever arrive at a state of information greater than some definite finite information, is entirely unsupposed by reasons. There cannot be a scintilla of evidence to show that at some time all living beings shall not be annihilated at once, and that forever after there shall be throughout the universe any intelligence whatever. Indeed, this very assumption involves itself a transcendent and supreme interest, and therefore from its very nature is unsusceptible of any support from reasons. This infinite hope which we all have (for even the atheist will constantly betray his calm expectation that what is Best will come about) is something so august and momentous, that all reasoning in reference to it is a trifling impertinence. We do not want to know what are the weights of reason *pro* and *con* - that is, how much *odds* we should wish to receive on such a venture in the long run - because there is no long run in the case; the question is single and supreme, and ALL is at stake upon it. We are in the condition of a man in a life and death struggle; if we have not sufficient strength, it is wholly indifferent to him how he acts, so that the only assumption upon which he can act rationally is the hope of success. So this sentiment is rigidly demanded by logic. If its object were any determinate fact, any private interest, it might conflict with the results of knowledge and so with itself; but when its object is of a nature as wide as the community can turn out to be, it is always a hypothesis uncontradicted by facts and justified by its indispensibleness for making any action rational.

GROUNDS OF VALIDITY OF THE LAWS OF LOGIC,
W2:270ff [P 41: Journal of Speculative Philosophy 2 (1869): 193-208]

„Auf der Grundlage unserer Theorie der Realität und der Logik" (Upon our theory of reality and logic), d.h. auf der Grundlage einer „Theorie der Realität und der Logik", die sich als Konsequenz aus Peirces 'Dekonstruktion' der fundamentalen Architektur- und Erkenntnisprinzipien der „Transzendental-Philosophie" Kants ergibt,[15] behauptet Peirce, daß es bestimmter „Bewußtseinsbestimmungen" (determinations of [the] mind) bedarf, ohne die „keine Schlußfolgerung eines Individuums vollends logisch sein kann" (no inference of any individual can be thoroughly logical) und die daher zur „vollständigen Begründung privater Logizität" (complete establishment of private logicality) unerläßlich sind. Peirce unterscheidet dabei genaugenommen drei derartige „Bewußtseinsbestimmungen" (determinations of [the] mind), nämlich erstens die Anerkennung der „logischen Notwendigkeit der vollständigen Selbstidentifikation der eigenen Interessen mit denen der Gemeinschaft" (the logical necessity of complete self-identification of one's own interests with those of the community), zweitens die Anerkennung der „potentiellen Existenz [dieser Selbstidentifikation] im Menschen" (its potential existence in man) und drittens die „Hoffnung" (hope), „daß die Menschheit oder die Gemeinschaft (welche umfassender als die Menschheit sein mag) einen Informationszustand erreichen wird, der irgendeinen bestimmten endlichen Informationszustand übertrifft" (that man or the community (which may be wider than man) shall ever arrive at a state of information greater than some definite finite information).

An diese Unterscheidung dreier „Bewußtseinsbestimmungen" (determinations of [the] mind), die zur „vollständigen Begründung privater Logizität" (complete establishment of private logicality) unerläßlich sind, knüpft Peirce offensichtlich an, wenn er fast zehn Jahre später in seinem Aufsatz THE DOCTRINE OF CHANCES drei „Gesinnungen" (sentiments) zu „unverzichtbaren Bedingungen von Logik" (indispensable requirements of logic) erklärt:

[L]ogicality inexorably requires that our interests shall *not* be limited. They must not stop at our own fate, but must embrace the whole community. This community, again, must not be limited, but must extend to all races of beings with whom we can come into immediate or mediate intellectual relation. It must reach, however vaguely, beyond this geological epoch, beyond all bounds. He who would not sacrifice his own soul to save the whole world, is, as it seems to me, illogical in all his inferences, collectively. Logic is rooted in the social principle.

To be logical men should not be selfish; and, in point of fact, they are not so selfish as they are thought. [...]

Now, it is not necessary for logicality that a man should himself be capable of the heroism of self-sacrifice. It is sufficient that he should recognize the possibility of it, should perceive that only that man's inferences who has it are really logical, and should consequently regard his own as being only so far valid

---

[15]Vgl. Kap. 3-5, d.h. insbesondere Kap. 3.2.2, 4.3 und 5.3.

as they would be accepted by the hero. So far as he thus refers his inferences to that standard, he becomes identified with such a mind.

This makes logicality attainable enough. [...]

But all this requires a conceived identification of one´s interests with those of an unlimited community. Now, there exist no reasons, and a later discussion will show that there can be no reason, for thinking that the human race, or any intellectual race, will exist forever. On the other hand, there can be no reason against it; and, fortunately, as the whole requirement is that we should have certain sentiments, there is nothing in the facts to forbid our having a *hope*, or calm and cheerful wish, that the community may last beyond any assignable date.

It may seem strange that I should put forward three sentiments, namely, interest in an indefinite community, recognition of the possibility of this interest being made supreme, and hope in the unlimited continuance of intellectual activity, as indispensable requirements of logic. Yet, when we consider that logic depends on a mere struggle to escape doubt, which, as it terminates in action, must begin in emotion, and that, furthermore, the only cause of our planting ourselves on reason is that other methods of escaping doubt fail on account of the social impulse, why should we wonder to find social sentiment presupposed in reasoning? As for the other two sentiments which I find necessary, they are so only as supports and accessories of that. It interests me to notice that these three sentiments seem to be pretty much the same as that famous trio of Charity, Faith, and Hope, which, in the estimation of St. Paul, are the finest and greatest of spiritual gifts.

THE DOCTRINE OF CHANCES,
W3:283ff [P 120: Popular Science Monthly 12 (März 1878): 604-15]

Die drei „Gesinnungen" (sentiments), die Peirce hier zu „unverzichtbaren Bedingungen von Logik" (indispensable requirements of logic) erklärt, sind erstens das „Interesse an einer unbegrenzten Gemeinschaft" (interest in an indefinite community), zweitens die „Anerkennung der Möglichkeit, dieses Interesse zum höchsten Interesse zu machen," (recognition of the possibility of this interest being made supreme) und drittens die „Hoffnung auf den unbegrenzten Fortgang intellektueller Aktivität" (hope in the unlimited continuance of intellectual activity). Diese drei „Gesinnungen" (sentiments) korrespondieren offensichtlich den drei „Bewußtseinsbestimmungen" (determination of [the] mind), von denen Peirce zehn Jahre zuvor behauptet hatte, daß sie zur „vollständigen Begründung privater Logizität" (complete establishment of private logicality) unerläßlich sind. Bemerkenswerterweise „interessiert es" Peirce jedoch nunmehr, darüberhinaus „darauf hinzuweisen, daß diese drei Gesinnungen so ziemlich dasselbe zu sein scheinen wie jenes berühmte Trio von Liebe, Glaube und Hoffnung, welche der Einschätzung des Hl. Paulus zufolge die schönsten und größten Geistesgaben sind".[16]

---

[16]Vgl. 1. KOR 13, 9-13: „[U]nser Wissen ist Stückwerk, und unser Weissagen ist Stückwerk. Wenn aber kommen wird das Vollkommene, so wird das Stückwerk aufhören. [...] Wir sehen jetzt durch einen Spiegel in einem dunkeln Wort; dann aber von Angesicht zu Angesicht. Jetzt erkenne ich stückweise; dann aber werde ich erkennen, gleichwie ich erkannt bin. Nun aber bleibt Glaube, Hoffnung, Liebe, diese drei; aber die Liebe ist die größte unter ihnen."

Die drei von Peirce genannten „Gesinnungen" (sentiments) besitzen nun aber offensichtlich eine ethische Dimension. Als „unverzichtbare Bedingungen von Logik" (indispensable requirements of logic) stellen sie daher zugleich inhaltliche Bestimmungen einer transzendentalen Ethik dar. Wenn Kant nun aber zu Recht behauptet, daß „Moral [...] unumgänglich zur Religion [führt]",[17] so daß „Religion" zwar nicht als notwendige Voraussetzung, aber immerhin als notwendige Folge von „Moral" zu verstehen ist, dann konditionieren die inhaltlichen Bestimmungen einer transzendentalen Ethik die inhaltlichen Bestimmungen einer transzendentalen Religionsphilosophie.

Vor diesem Hintergrund ist daher nicht nur Peirces Analogie zwischen den drei von ihm genannten „Gesinnungen" (sentiments) und dem paulinischen Trio von „Liebe, Glaube und Hoffnung" (Charity, Faith, and Hope), sondern darüberhinaus auch sein Bestreben zu verstehen, die verkannte „Ehe zwischen Religion und Wissenschaft" (Marriage of Religion and Science) kenntlich zu machen. Insbesondere aber ist vor diesem Hintergrund nicht zuletzt auch die bemerkenswert religiös eingefärbte Metaphorik zu verstehen, mittels derer Peirce die Motive beschreibt, aus denen ihm seine gesamte Philosophie erwachsen sein zu scheint:

> Indeed, out of a contrite fallibilism, combined with a high faith in the reality of knowledge, and an intense desire to find things out, all my philosophy has always seemed to me to grow . . . .
>
> CP1.14 [G-c.1897-2]

---

[17]Vgl. DIE RELIGION INNERHALB DER GRENZEN DER BLOßEN VERNUNFT, B IX [A IX].

Appendix

Item 1: Kants „Architektonik der reinen Vernunft"
(Vgl. KRITIK DER REINEN VERNUNFT, B 859ff [A 832ff])

- Vernunftwissenschaften
    - Mathematik
    - Philosophie
        - Propädeutik
        - Metaphysik
            - Metaphysik der Sitten
            - Metaphysik der Natur
                - Ontologie
                - rationale Physiologie
                    - immanente Physiologie
                        - rationale Physik
                        - rationale Psychologie
                    - transzendente Physiologie
                        - rationale Kosmologie
                        - rationale Theologie

- empirische Wissenschaften

Item 2: Peirces „Natural Classification of Sciences"

Version 1 (Vgl. CARNEGIE APPLICATION, NEM4:17 [L75: 15.7.1902]):

A. Theoretical Science
    I. Science of Research
            i. Mathematics
            ii. Philosophy, or Cenoscopy
                1. Categorics
                2. Normative Science
                    a. Esthetics
                    b. Ethics
                    c. Logic
                3. Metaphysics
            iii. Idioscopy, or special science
                1. Psychognosy
                    a. Nomological, or General Psychology
                    b. Classificatory
                            <...>

      c. Descriptive
        <...>
   2. Physiognosy
      a. Nomological, or General Physics
      b. Classificatory
        <...>
      c. Descriptive
        <...>
  II. Science of Review, or Synthetic Philosophy
B. Practical Science, or the Arts

Version 2 (Vgl. MINUTE LOGIC, CP1.203-283 [G-c.1902-2]):

A. Theoretical Science
  I. active science
    i. Mathematics
      1. of finite collections
      2. of infinite collections
      3. of true continua
    ii. Philosophy (coenoscopic sciences)
      epistêmy
      1. Phenomenology, or the Doctrine of Categories
      2. normative Sciences
        a. esthetics
        b. ethics
        c. logic
      3. metaphysics
      theôrics
      1. chronotheôry
      2. topotheôry
    iii. Special Sciences (idioscopy)
      1. physiognosy (physical science)
        a. nomological
        b. classificatory
        c. descriptive
      2. psychognosy (psychical sciences)
        a. nomological
        b. classificatory
        c. descriptive
  II. retrospective science (science of review)
B. Practical Science

124

Version 3 (Vgl. A SYLLABUS OF CERTAIN TOPICS OF LOGICS, CP1.180-202 [G-1903-2b]):

A. Science of Discovery
    I. Mathematics
        a. Mathematics of Logic
        b. Mathematics of Discrete Series
        c. Mathematics of Continua and Pseudo-Continua
    II. Philosophy
        a. Phenomenology
        b. Normative Science
            i. Esthetics
            ii. Ethics
            iii. Logic
                1. Speculative Grammar
                2. Critic
                3. Methodeutic
        c. Metaphysics
            i. General Metaphysics, or Ontology
            ii. Psychical, or Religious, Metaphysics
                1. God
                2. Freedom
                3. Immortality
            iii. Physical Metaphysics
    III. Idioscopy
        a. Physical Sciences
            i. Nomological, or General, Physics
                <...>
            ii. Classificatory Physics
                <...>
            iii. Descriptive Physics
                <...>
        b. Psychical, or Human Sciences
            i. Nomological Psychics or Psychology
                <...>
            ii. Classificatory Psychics, or Ethnology
                <...>
            iii. Descriptive Psychics, or History
                <...>
B. Science of Review
C. Practical Science

Item 3: Wolffs Definition und Einteilung der Philosophie

Christian Wolffs Entwurf eines Systems der Philosophie findet sich in dem *Discursus praeliminaris de philosophia in genere* dargestellt, der seine PHILOSOPHIA RATIONALIS SIVE LOGICA einleitet. Wolff konzipiert dort die „Philosophie" (Philosophia) als „Wissenschaft von dem, was möglich ist" (scientia possibilium), wobei er „Wissenschaft" (scientia) als den „Habitus" versteht, „Behauptungen [...] aus sicheren und unerschütterlichen Prinzipien folgerecht abzuleiten":

§ 29.   Philosophia est scientia possibilium, quatenus esse possunt.

§ 30.   Per Scientiam hic intelligo habitum asserta demonstrandi, hoc est, ex principiis certis & immotis per legitimam consequentiam inferendi.

Auf der Grundlage dieser Konzeption der „Philosophie" unterscheidet Wolff mittels der traditionellen Unterscheidung zwischen drei Klassen von „Seienden" (Entia), nämlich „Gott" (Deus), „menschlichen Seelen" (animae humanae) und „Körpern bzw. materiellen Dingen" (corpora seu res materiales), drei „Teile der Philosophie" (philosophiae partes), nämlich „Natürliche Theologie" (Theologia Naturalis), „Psychologie" (Psychologia) und „Physik" (Physica), die von dem handeln, was bezüglich „Gott", der „menschlichen Seele" und den „Körpern" für möglich erachtet wird:

§ 55.   Entia, quae cognoscimus, sunt Deus, animae humanae ac corpora seu res materiales.

§ 56.   Tres hinc enascuntur philosophiae partes, quorum una de Deo, altera de anima humana, tertia de corporibus seu rebus materialibus agit.

§ 57.   Ea pars philosophiae, quae de Deo agit, dicitur Theologia Naturalis. Quamobrem Theologia naturalis definiri potest per scientiam eorum, quae per Deum possibilia intelliguntur.

§ 58.   Pars philosophiae, quae de anima agit, Psychologia a me appellari solet. Est itaque Psychologia scientia eorum, quae per animas humanas possibilia sunt.

§ 59.   Pars denique philosophiae, quae de corporibus agit, Physica salutatur. Quamobrem Physicam definio, quod sit scientia eorum, quae per corpora possibilia sunt.

Vor dem Hintergrund seiner Konzept der „Physik" (Physica) sieht sich Wolff bemerkenswerterweise dazu veranlaßt, einen besonderen „Teil der Philosophie" (philosophiae pars) zu definieren, den er „allgemeine oder transzendentale Kosmologie" (Cosmologia generalis vel transcendentalis) nennt und der von dem handelt, „was der existierenden Welt mit jeder anderen möglichen Welt gemein ist" (quae mundo existenti cum alio quocumque possibili communia sunt). Bezeichnenderweise sieht sich Wolff zur Begründung einer solchen Wissenschaft deswegen veranlaßt, „weil Psychologie, natürliche

Theologie und Physik von dorther Prinzipien nehmen und nicht angemessen anderswo untersucht wird, was auf sie zurückgeführt werden muß":

§ 77.   Pars Physicae, quae de corporibus mundi totalibus agit atque docet, quomodo ex iis componatur mundus, Cosmologia appellatur. Est igitur Cosmologia scientia mundi qua talis.

§ 78.   Datur vero etiam generalis mundi contemplatio, ea explicans, quae mundo existenti cum alio quocumque possibili communia sunt. Ea philosophiae pars, quae generales istas notiones, easque ex parte abstractas, evolvit, Cosmologia generalis vel transcendentalis a me vocatur. Definio autem Cosmologiam generalem per scientiam mundi in genere.

   Cosmologia generalis, ignorata hactenus philosophis, etsi passim ab iis sparsim tradita fuerint, quae ad eam pertinent. Ego consultum duxi condere hanc scientiam, propterea quod Psychologia, Theologia naturalis atque Physica inde principia sumit, nec commode alibi pertractantur, quae ad eam referri debent.

Versteht man nun vor diesem Hintergrund Kants „Erkenntnisse a priori" als Urteile darüber, was in jeder uns vorstellbaren Welt der Fall ist, so wird deutlich, daß Kant mit seiner Idee einer „Transzendental-Philosophie" letztlich Wolffs Idee einer „allgemeinen oder transzendentalen Kosmologie" (Cosmologia generalis vel transcendentalis) aufgreift und daß seine Kritik an Wolffs „Dogmatism" letztlich darauf hinausläuft, die „allgemeine oder transzendentale Kosmologie" (Cosmologia generalis vel transcendentalis) nicht bloß als hilfreichen Appendix, sondern als Fundamentaldisziplin der „Philosophie" (Philosophia) zu etablieren. Tatsächlich dürfte es kein Zufall sein, daß der von Wolff im Zusammenhang seiner Rede von einer „allgemeinen oder transzendentalen Kosmologie" (Cosmologia generalis vel transcendentalis) eingeführte Begriff des „Transzendentalen" von Kant zur Charakterisierung seiner eigenen, an Wolff anknüpfenden Konzeption von Philosophie verwendet wird.

Item 4:   Peirces Definition eines „Zeichens" (sign)

Unter den vielen mehr oder weniger identischen Formulierungen der Definition eines „Zeichens" (sign), die Peirce im Laufe seines Lebens gegeben hat, kommt der folgenden Formulierung insofern eine 'kanonische' Bedeutung zu, als Peirce sie an prominenter Stelle, nämlich in dem 1901 von J. M. Baldwin herausgegebenen DICTIONARY OF PHILOSOPHY & PSYCHOLOGY veröffentlicht hat:

[**Sign.**] Anything which determines something else (its *interpretant*) to refer to an object to which itself refers (its *object*) in the same way, the interpretant becoming in turn a sign, and so on *ad infinitum*.

   No doubt, intelligent consciousness must enter into the series. If the series of successive interpretants comes to an end, the sign is thereby rendered imperfect, at least. If, an interpretant idea having been determined in an individual consciousness, it determines no outward sign, but that consciousness becomes annihilated, or otherwise loses all memory or other significant effect of the sign, it becomes absolutely undiscoverable that there ever was such an idea in that consciousness; and in that case it is difficult to see how it could have any meaning to say that that consciousness ever had the idea, since the saying so would be an interpretant of that idea.

A sign is either an *icon*, an *index*, or a *symbol*. An *icon* is a sign which would possess the character which renders it significant, even though its object had no existence; such as a lead-pencil streak as representing a geometrical line. An *index* is a sign which would, at once, lose the character which makes it a sign if its object were removed, but would not lose that character if there were no interpretant. Such, for instance, is a piece of mould with a bullet-hole in it as a sign of a shot; for without the shot there would have been no hole; but there is a hole there, whether anybody has the sense to attribute it to a shot or not. A *symbol* is a sign which would lose the character which renders it a sign if there were no interpretant. Such is any utterance of speech which signifies what it does only by virtue of its being understood to have that signification.

CP2.303f [G-1901-6]

128

Literaturverzeichnis

Das nachfolgende Literaturverzeichnis enthält nur diejenigen Schriften, auf die im Text aus dem einen oder anderen Grund explizit Bezug genommen wird. Für darüber hinausgehende Literatur zu Peirce sei vor allem auf die folgende Peirce-Bibliographie verwiesen: K.L. Ketner et al., *A Comprehensive Bibliography and Index of the Published Works of Charles Sanders Peirce with a Bibliography of Secondary Studies*, 2nd rev. ed., Bowling Green (Ohio): Philosophy Documentation Center 1986.

Peirce:

CP   *Collected Papers of Charles Sanders Peirce*,
vols. 1-6, edited by Charles Hartshorne and Paul Weiss, Cambridge (Mass.): Harvard UP 1931-1935,
vols. 7&8, edited by Arthur W. Burks, Cambridge (Mass.): Harvard UP 1958.

NEM   *The New Elements of Mathematics by Charles S. Peirce*, vols. I-IV, edited by Carolyn Eisele, The Hague: Mouton Publishers 1976, Atlantic Highlands (N.J.): Humanities Press 1976.

SS   *Semiotics and Significs: The Correspondence between Charles S. Peirce and Victoria Lady Welby*, edited by Charles S. Hardwick, Bloomington: Indiana UP 1977.

W   *Writings of Charles S. Peirce. A Chronological Edition*, edited by the Peirce Edition Project, projected in 30 vols., Bloomington: Indiana UP,
vol. 1 (1857-1866), edited by Max H.Fisch, 1982,
vol. 2 (1867-1871), edited by Edward C. Moore, 1984,
vol. 3 (1872-1878), edited by Christian J.W. Kloesel, 1986,
vol. 4 (1879-1884), edited by Christian J.W. Kloesel, 1989,
vol. 5 (1884-1886), edited by Christian J.W. Kloesel, 1993.

Andere Autoren:

Allemand, L. Edward: *Peirce's Notion of Firstness and French Phenomenology*, in: K.L. Ketner (ed.), *Proceedings of the C.S. Peirce Bicentennial International Congress*, Lubbock: Tex Tech Press 1981, S. 75-79.

Apel, Karl-Otto: *Von Kant zu Peirce: Die semiotische Transformation der transzendentalen Logik*, in: K.-O. Apel, *Transformation der Philosophie*, Frankfurt: Suhrkamp 1973, S. 157-177.

Buczyniska-Garewicz: *Husserl and Peirce*, in: «Phenomenology Information Bulletin», 5 (Oktober 1981), S. 105-110.

Derrida, Jacques: *De la Grammatologie*, Paris: Les Editions de Minuit 1967.

Derrida, Jacques: *Lettre à un ami japonais*, in: J. Derrida, *Psyché. Inventions de l'autre*, Paris: Galilée 1987, S. 387-393.

Deuser, Hermann (Hrsg.): *Charles Sanders Peirce. Religionsphilosophische Schriften*, Hamburg: Meiner 1995.

Dougherty, Charles J.: *The Common Root of Husserl's and Peirce's Phenomenologies*, in: «New Scholasticism», 54 (1980), S. 305-325.

Emerson, Ralph Waldo: *Selected Essays, Lectures and Poems*, ed. by Robert D. Richardson Jr., New York: Bantam Books 1990.

Farber, Marvin: *Le Monde-De-La-Vie et la Tradition de la Philosophie Américaine*, in: «Etudes Philosophiques», 19 (1964), S. 209-219.

Griffin et al.: *Founders of Constructive Postmodern Philosophy: Peirce, James, Bergson, Whitehead, and Hartshorne*, Albany: SUNY Press 1993.

Hegel, G.W.F.: *Wissenschaft der Logik*, hrsg. von Hans-Jürgen Gawoll, Hamburg: Meiner 1986.

Hume, David: *Enquiries concerning Human Understanding and concerning the Principles of Moral*, ed. by P. H. Nidditch, Oxford: Clarendon Press 1975.

Husserl, Edmund: *Cartesianische Meditationen*, hrsg. von Elisabeth Ströker, Hamburg: Meiner 1987.

Kant, Immanuel: *De Mundi Sensibilis atque Intelligibilis Forma et Principiis*, in: Wilhelm Weischedel (Hrsg.), *Immanuel Kant. Werke in zehn Bänden*, Bd. 5, Darmstadt: Wissenschaftliche Buchgesellschaft 1983.

Kant, Immanuel: *Kritik der reinen Vernunft*, in: Wilhelm Weischedel (Hrsg.), *Immanuel Kant. Werke in zehn Bänden*, Bd. 3&4, Darmstadt: Wissenschaftliche Buchgesellschaft 1983.

Kant, Immanuel: *Kritik der praktischen Vernunft*, in: Wilhelm Weischedel (Hrsg.), *Immanuel Kant. Werke in zehn Bänden*, Bd. 6, Darmstadt: Wissenschaftliche Buchgesellschaft 1983.

Kant, Immanuel: *Kritik der Urteilskraft*, in: Wilhelm Weischedel (Hrsg.), *Immanuel Kant. Werke in zehn Bänden*, Bd. 8, Darmstadt: Wissenschaftliche Buchgesellschaft 1983.

Kant, Immanuel: *Die Religion innerhalb der Grenzen der blossen Vernunft*, in: Wilhelm Weischedel (Hrsg.), *Immanuel Kant. Werke in zehn Bänden*, Bd. 7, Darmstadt: Wissenschaftliche Buchgesellschaft 1983.

Kempski, Jürgen v.: *Charles Sanders Peirce und der Pragmatismus*, Stuttgart: Kohlhammer 1952.

Kolenda, Konstantin: *Man is a Sign: Peirce and Heidegger*, in: K.L. Ketner (ed.), *Proceedings of the C.S. Peirce Bicentennial International Congress*, Lubbock: Tex Tech Press 1981, S. 227-231.

Murphey, Murray G.: *The Development of Peirce's Philosophy*, Cambridge (Mass.): Harvard UP 1961.

Norris, Christopher: *Deconstruction*, in: E. Craig (gen. ed.), *Routledge Encyclopedia of Philosophy*, London & New York: Routledge 1998, Bd. 2, S. 835-839.

Orange, Donna M.: *Peirce's Conception of God*, Lubbock (Texas): Institute for studies in Pragmaticism 1984.

Raposa, Michael L.: *Peirce's Philosophy of Religion*, Bloomington: Indiana UP 1989.

Sini, Carlo: *Il Problema del Segno in Husserl e in Peirce*, in: «Filosofia», 29 (1978), S. 543-558.

Sini, Carlo: *Semiotica e filosofia. Segno e linguaggio in Peirce, Nietzsche, Heidegger e Foucault*, Bologna: Il Mulino 1990.

Spiegelberg, Herbert: *Husserl and Peirce's Phenomenologies. Coincidence or Interaction*, in: «Philosophy and Phenomenological Research», 17 (Dezember 1956), S. 164-185.

Wolff, Christian: *Philosophia Rationalis sive Logica*, in: Jean École (Hrsg.), *Christian Wolff. Gesammelte Werke*, II. Abt., Bd. 1.1, Hildesheim: Olms 1983.

Philosophie *Neuerscheinungen Frühjahr 2001*

HANS EBELING
Die Zeit des Einen
64 Seiten, DM 24,–/SFr 22,30/ÖS 175,–
ISBN 3-8260-1935-0

FRANK-PETER HANSEN
**Geschichte der Logik des
19. Jahrhunderts**
Eine kritische Einführung in die
Anfänge der Erkenntnis- und
Wissenschaftstheorie
200 Seiten,DM 29,80/SFr 27,70/ÖS 218,–
ISBN 3-8260-1932-6

HEINZ KIMMERLE
Philosophien der Differenz
Eine Einführung
252 Seiten, DM 38,–/SFr 35,30/ÖS 277,–
ISBN 3-8260-2000-6

KARL-OTTO APEL/
HOLGER BURCKHART (HRSG.)
Prinzip Mitverantwortung
Grundlage für Ethik und Pädagogik
320 Seiten, DM 68,–/SFr 61,80/ÖS 496,–
ISBN 3-8260-1942-3

GOTTFRIED SCHÜZ
**Lebensganzheit und
Wesensoffenheit des Menschen**
Otto Friedrich Bollnows
hermeneutische Anthorpologie
420 Seiten, DM 58,–/SFr 52,70/ÖS 423,–
ISBN 3-8260-1963-6

MARGOT FLEISCHER
**Anfänge europäischen
Philosophierens**

Heraklit – Parmenides – Platons
Timaios
180 Seiten, DM 38,–/SFr 35,30/ÖS 277,–
ISBN 3-8260-2001-4

HANS-CHRISTIAN GÜNTHER
**Grundfragen des griechischen
Denkens**
ca. 360 Seiten, ca. DM 86,–/SFr 78,20/ÖS
628,–
ISBN 3-8260-2025-1

CHRISTIAN KRIJNEN
Nachmetaphysischer Sinn
Eine problemgeschichtliche und
systematische Studie zu den Prinzipien
der Wertphilosophie Heinrich Rickerts
648 Seiten, DM 98,–/SFr 89,10/ÖS 715,–
ISBN 3-8260-2020-0

BETTINA SCHMITZ/PETER PRECHTL
(HRSG.)
Pluralität und Konsensfähigkeit
190 Seiten, DM 48,–/SFr 44,60/ÖS 350,–
ISBN 3-8260-2038-3

JAN BEAUFORT
**Die gesellschaftliche
Konstitution der Natur**
Helmuth Plessners kritisch-
phänomenologische Grundlegung
einer hermeneutischen
Naturphilosophie in *Die Stufen des
Organischen und der Mensch*
258 Seiten, DM 58,–/SFr 52,70/ÖS 423,–
ISBN 3-8260-1937-7

Verlag Königshausen & Neumann
Postfach 6007 – D-97010 Würzburg
Internet: www.koenigshausen-neumann.de